5
Cyfres Cymêrs Cymru

Cymeriadau STINIOG

GOL. GERAINT V. JONES

Gwasg Gwynedd

Argraffiad cyntaf — Tachwedd 2008

© yr awduron unigol 2008

ISBN 0 86074 250 4

Cedwir pob hawl. Ni chaniateir atgynhyrchu unrhyw ran o'r cyhoeddiad
hwn na'i gadw mewn cyfundrefn adferadwy na'i drosglwyddo mewn
unrhyw ddull na thrwy unrhyw gyfrwng, electronig, electrostatig,
tâp magnetig, mecanyddol, ffotogopïo, nac fel arall,
heb ganiatâd ymlaen llaw gan y cyhoeddwyr,
Gwasg Gwynedd, Caernarfon.

Mae'r cyhoeddwyr yn cydnabod cefnogaeth ariannol
Cyngor Llyfrau Cymru.

*Cyhoeddwyd ac argraffwyd
gan Wasg Gwynedd, Caernarfon*

*I bobol Stiniog,
ddoe a heddiw*

Cynnwys

'Wrth dy draed, machgian i!' *Geraint V. Jones*	11
Huw Llwyd o Gynfal *Geraint V. Jones*	25
'Yr Hynod William Ellis' *Steffan ab Owain*	36
Robin Siôn *Steffan ab Owain*	44
Jac Llan *Emrys Evans*	51
Robin Jolly *Steffan ab Owain*	56
Now'r Allt *Emrys Evans*	63
Pererin *Emrys Evans*	70
Robin Llanddog *Emrys Evans*	77
Wil Jôs Penny *Geraint V. Jones*	84
Amddiffyn Llan rhag y Jyrmans *Ray Jones*	88
Dic Siw, Dic Selar, Dic Double Dutch *Geraint V. Jones*	92
Criw'r Cwt Letrig *Vivian Parry-Williams*	100
Dic Victor *Steffan ab Owain*	111
Wil Bach Tŷ Nant *Gareth Jones*	117
Cymylau Gwynion *Geraint V. Jones*	130

Diolch

Carwn ddiolch o galon, nid yn unig i awduron y gwahanol benodau – Emrys Evans, Gareth Jones, Ray Jones, Steffan ab Owain a Vivian Parry-Williams – am eu cyfraniadau unigryw i'r gyfrol, ond hefyd i eraill a fu mor barod i rannu gyda ni eu hatgofion am y peth yma a'r peth arall. Rwy'n ymwybodol efallai y bydd y to hŷn yn Stiniog yn siomedig na chafodd ambell gymeriad arall hefyd ei le yn y gyfrol, ond mewn bro mor gyfoethog ei 'chymêrs' roedd yn rhaid tynnu llinell yn rhywle!

    Diolch hefyd i Wasg Gwynedd a'r Cyngor Llyfrau am eu gwaith gofalus, ac am y cais i hel y straeon at ei gilydd yn y lle cyntaf.

GERAINT V. JONES

'Wrth dy draed, machgian i!'
GERAINT V. JONES

Lle mae dechrau? Dyna'r cwestiwn.

Mae'n bnawn Sul poeth yma yn Llan Ffestiniog a dwi'n syllu i lawr dros Benffritisa (Pen-ffridd-tŷ-isaf) ar ddyffryn Maentwrog yn y pellter, lle mae afon Dwyryd yn dolennu'n ddisglair ac yn ddiog dros ddolydd Dôl Moch a Glanrafon, fel tae ei llif hi'n gyndyn o gyrraedd y Traeth Bach a'r Felen Ryd, lle bu'r gyflafan honno rhwng Gwydion a Phryderi slawer dydd. Er i ganrif gyfan fynd heibio ers i Eifion Wyn ofyn y cwestiwn,

> Pa ddyffryn tecach a wnaeth yr Iôr,
> O drothwy'r mynydd i draeth y môr?

hawdd ydi dallt teimladau'r bardd, oherwydd mae hi'n olygfa sy'n fy swyno innau hefyd yn ddi-ffael, fel cenedlaethau o'm hynafiaid o'm blaen, siŵr o fod.

Yn union tu cefn imi cwyd eglwys lwyd Sant Mihangel, efo'i mynwent o gistfeini'n gwasgu'n dynn amdani o dri chyfeiriad. Bedwar can mlynedd yn ôl, Edmwnd Prys – yr hen begor ei hun – oedd yn taranu o bulpud hon ar y Sul, a than yn ddiweddar roedd ei gadair o dderw du i'w gweld yma'n grair disglair. Ond mae lladron yn cloddio trwodd ac yn lladrata ym mhob oes, gwaetha'r modd, ac fe ddiflannodd y dodrefnyn prin dros nos, ynghyd â chreiriau hynafol eraill, i'w gwerthu'n ddi-hid am bunt barod, yn bres *fix,* mae'n siŵr, i'r oes drist sydd ohoni. Erbyn hyn, does wybod lle mae gorseddfainc y Salmydd Cân. Yn magu llwch lle nad oes neb yn sylweddoli ei gwir werth, mwy na thebyg – nac yn poeni, chwaith, tae'n dod i hynny – a lle mae gwyfyn a rhwd yn sicr o fod yn llygru.

Tu draw i'r eglwys a'i mynwent hynafol mae pentre bychan Llan Stiniog yn slwmbran yn y gwres, a thu draw i hwnnw mae unigeddau'r Migneint yn ymestyn tua'r gogledd a'r dwyrain, i gyfeiriad Penmachno, Ysbyty Ifan a'r 'Bala dirion deg'.

Oddi tanaf ar y dde mae byddin arall o gerrig beddau yn orchudd llwyd dros y llechwedd. Mynwent y cyngor ydi hon, hithau hefyd yn prysur lenwi, fel sydd raid. O syllu drosti, daw Moel Ystradau i'r golwg, yn biws o dan rug, a thu draw i honno y ddau Foelwyn – y Bach a'r Mawr – wedi'u 'pastio'n sownd ar yr wybren glir', fel y dwedodd y bardd William Jones. Mae Moel yr Hydd yno hefyd, a'r tri'n gwenu i lawr, yn glên am unwaith, ar bentre Tanygrisiau – 'Tangrish' i bawb sy'n anwylo'r lle. Tanygrisiau ydi coes orllewinol pedol tre'r Blaenau, sef y 'freichled o dre ar asgwrn y graig' fel y disgrifiodd Gwyn Thomas hi. Ond peidiwch, da chi, â disgwyl i'r pentrefwyr gytuno efo'r disgrifiad hwnnw. Iddyn nhw, Tangrish ydi Tangrish, tra mai rhywle 'rochor draw' ydi tre'r Blaenau yn dal i fod. Rochor draw, hynny ydi, i gors a fu'n cronni yno cyn iddi gael ei sychu i neud lle i'r strydoedd a thai sydd bellach yn cyfannu'r 'bedol'.

O droi fy llygaid i'r chwith, wedyn, dwi'n gallu edrych i lawr ar geunant coediog y Gynfal, sy'n cuddio pob math o gyfrinach a rhamant hen. Tu draw iddo cwyd llechwedd ysgafn efo rheilffordd segur y GWR yn graith fain ar ei hyd. Bu amser, cyn i drachwant Lerpwl foddi'r trac yng Nghapel Celyn, pan ellid mynd yr holl ffordd i Lundain ar nacw. O'r Blaenau i orsaf Paddington bell! Yng nghysgod ei harglawdd mae coedlan fechan, ond rhaid bod yn reit graff i weld y tŷ llwyd sy'n sbecian allan ohoni – Cynfal Fawr, cartre'r dewin honedig Huw Llwyd, a'r llenor a'r cyfrinydd Morgan Llwyd o Wynedd. A'r ffermdy gwyn yn uwch wedyn ar y llechwedd? Wel, Llech Ronw ydi o – un arall o feysydd dial Gwydion fab Dôn, yn y Mabinogi gynt.

Ond thâl hi ddim i hel meddyliau fel hyn! 'Lle mae dechrau?' oedd fy nghwestiwn. Yr un cwestiwn ag a ofynnwyd gan y gwas ffarm hwnnw pan gafodd orchymyn i godi cerrig o gae newydd ei aredig. 'Lle dach chi isio imi ddechra, mistar?' Ac ateb y ffarmwr? 'Wel wrth dy draed, machgian i! Lle arall?'

Cyngor da i minnau hefyd, siŵr o fod!

★ ★ ★

Fel y soniais eisoes, mae Penffritisa yn union o'm blaen. Yno mae sgwâr o relings rhydlyd a choed eirin tagu yn prysur gau amdano. Dyma fedd unig **Lord Niwbro** – '4th Baron Newborough, died July 1916', yn ôl y garreg sydd arno. Tebyg nad oedd mynwent yr eglwys na mynwent y cyngor yn ddigon da i hwn.

Sut bynnag, y traddodiad yn lleol ydi bod y Lòrd arbennig hwn – a fu farw, gyda llaw, 'from a chill caught on the Western Front' – wedi gorchymyn cael arch a gwydr yn gaead iddi, ac i'r arch honno gael ei gosod ar ei hochor yn y bedd. Pam hynny, meddach chi? Wel, pa reswm arall ond iddo gael mwynhau'r olygfa dros y 'dyffryn tecaf'!

Mae'n stori dda ac, os ydi hi'n wir, yna roedd y 4th Baron Newborough yn dipyn o gês. Pwy ŵyr, felly, faint rhagor o gymeriadau lliwgar eraill sy'n britho'r mynwentydd wrth f'ymyl? Neu sydd wedi byw o fewn tafliad carreg i ble rydw i'n diogi y funud yma?

Sylvanus Evans yn un! Mae corn simdda ei hen gartre bychan o i'w weld yn union oddi tana i rŵan, ar y chwith, lle mae'r B4391 yn gadael y pentre ar ei ffordd am Faentwrog a Phenrhyndeudraeth. Ond nad tŷ mohono, bellach, eithr sied ar fuarth ffarm Tŷ Isa, lle mae Bini yn cadw'i chelfi ar derfyn diwrnod gwaith, a Dr Huw, ei gŵr, yn ffidlan o dan fonat ei gar o bryd i'w gilydd. Ond 'Tŷ Syl' ydi'r enw arno o hyd.

Sylvanus Evans (hefo sipsi).

Sylvanus Evans (1833–1911) oedd yr olaf o borthmyn Cymru, meddan nhw i mi – 'horse dealer' hefyd, yn ôl cyfrifiad 1881. Yn nyddiau Sylvanus roedd y Llan, efo'i holl ffeiriau, yn ganolfan brysur. 'Gyrrai porthmyn Llŷn eu gwartheg trwy Ffestiniog ar eu ffordd i Gerrigydrudion, Rhuthun a'r Gororau,' meddai A. Lloyd Hughes yng *Nghylchgrawn Cymdeithas Hanes a Chofnodion Meirionnydd*. A dyma oedd gan Gwyndaf Evans, ŵyr yr hen Sylvanus, i'w ddeud am ei daid mewn rhifyn o'r papur lleol *Llafar Bro* dro'n ôl:

> Ef oedd yr hynaf o bump o blant . . . Yr oedd yn 67 oed pan briododd â Margaret Morris o Garndolbenmaen a ddaeth yn forwyn i'r Newborough Arms. Doedd hi ond yn 34 oed a ganwyd mab iddynt, Robert John (fy nhad) yn 1902. Disgrifir Sylvanus fel masnachwr ceffylau yng nghyfrifiad 1881. Magai ferlod mynydd ar gyfer pyllau glo Wrecsam ac roedd hefyd yn un o borthmyn enwocaf Gogledd Cymru. Bu farw o drawiad ar y galon ar Fawrth 4ydd 1911, yn 78 mlwydd oed. Erys 'Cae Syl' i gofio amdano.

Cae at ddefnydd porthmyn oedd Cae Syl yn y dyddiau hynny. Yno y byddid yn corlannu ac yn pedoli'r gwartheg at y daith hir oedd o'u blaen. Ac meddai Gwyndaf eto amdano:

> Roedd ganddo dair fferm fechan yn Penmachno, Llangwm a Dinbych, a dywedir mai lle i aros dros nos oedd rhain wrth gerdded y merlod i Wrecsam. Prynai ffermydd gan ffermwyr a oedd wedi mynd yn fethdalwyr a'u hail-rentio yn ôl iddynt. Byddai yn cynnal 'cinio rhent' i'r bobol yma unwaith y flwyddyn yn y Pengwern Arms.

Ugain llath yn nes i'r pentre na Tŷ Syl, mae Tŷ Clwb, sef cartre Dic Double Dutch, y clywch fwy amdano yn y man. Yn union gyferbyn â fan'no saif adeilad cadarn a sylweddol.

Hwn oedd y 'Tŷ Isa' gwreiddiol, cyn iddo gael ei ailfedyddio yn 'Newborough Arms' ac wedyn yn 'Newborough House'. Yn niwedd y ddeunawfed ganrif, cedwid tafarn yno gan ryw Sylvanus Evans arall – un o gyndeidiau'r Syl uchod, siŵr o fod. Hyd heddiw, fe gysylltir y lle hwn ag un o'r gwragedd rhyfeddaf a droediodd ddaear Cymru erioed. Falla mai Mary Evans oedd ei henw bedydd hi, ond fel **Mari'r Fantell Wen** y câi hi ei hadnabod gan bawb. Pwy oedd hi, a be oedd ei chysylltiad hi â'r Newborough Arms? Wel yno, yn ôl traddodiad, y cynhaliwyd ei neithior priodas hi. Priodas go anarferol oedd honno, a deud y lleiaf, oherwydd er i lu o ddilynwyr Mari fod yno'n bresennol i gyd-ddathlu efo hi, doedd dim sôn am briodfab, a rheswm da pam, fel yr eglura G. J. Williams yn ei gyfrol *Hanes Plwyf Ffestiniog* (1882):

> Daeth Mary Evans, 'Mari y fantell wen', yma yn fuan ar ôl y flwyddyn 1780, o Sir Fôn . . . a gwladychodd yn agos i'r Traeth Bach hyd derfyn ei hoes. Byddai yn fynych iawn yn d'od i fyny i Ffestiniog, lle y credodd llawer o ynfydion yr hyn a ddywedai, sef ei bod wedi priodi Iesu Grist, ac mai yr un peth oedd dyfod ati hi â dyfod at Grist . . .

Yma, mae G. J. yn troi at *Drych yr Amseroedd* am dystiolaeth bellach:

> Lluniwyd neithior odidog iddi yn Ffestiniog. Gwisgwyd hi yn wych odiaeth, fel cangen haf, ar gôst ei chanlynwyr, gan ei harwisgo â mantell goch gostfawr, gan fyned yn lluoedd, a hithau yn eu canol, i Eglwys y plwyf, ac oddiyno i'r dafarn hyd yr hwyr i halogi y Sabboth.

Mae'n debyg y byddai hi a'i syportars yn ddrain go bethma yn ystlys yr Hen Gorff yn y dyddiau hynny, am eu bod nhw'n gneud ati i wawdio'r saint fel yr âi'r rheiny i addoli ar y Sul. Sut bynnag, byddai Mari bob amser yn clochdar na fyddai hi fyth farw, ond marw fu raid i'r graduras, wrth reswm, a hynny er mawr syndod a siom i'w dilynwyr. Buont gyndyn, serch hynny, i'w rhoi hi yn y pridd, gan aros ddyddiau lawer am yr atgyfodiad gwyrthiol. Ond fe aeth Mari i ddrewi gormod i'w chadw, a fu dim dewis wedyn ond mynd â'i gweddillion drycsawrus i fynwent Llanfihangel-y-traethau i'w chladdu. Ac yno, rhwng Talsarnau a Harlech, y mae ei bedd i'w weld hyd heddiw. 'Bu ei dylanwad farw i'w chanlyn,' yn ôl G. J. Williams. 'Diolch am hynny!' medd rhai. 'Biti na fasa 'na fwy o gymêrs tebyg iddi hi heddiw!' ym marn eraill.

Dafliad carreg o Newborough House mae sgwâr y pentre, lle saif gwesty'r Pengwern Arms. Yn yr hen ddyddiau, Yr Efail oedd enw'r dafarn, a Martha Owen, neu **Martha'r Efail,** a olynodd ei thad, Dafydd Owen y gof, i'w chadw hi. Gefail gof oedd hefyd yn dafarn – enghraifft gynnar o arallgyfeirio, siŵr o fod! Sut bynnag, roedd Martha hefyd yn dipyn o gymêr yn ôl pob sôn, ac yn ei dydd yn adnabyddus dros gylch eang. Yn un peth, roedd ei haelwyd yn boblogaidd gyda'r beirdd:

> Pob teithiwr fel gŵr geirwir – ni 'mwrthyd
> Â Martha tra'i ceffir;
> Hon a gwyd ei bwyd a'i bîr
> Yn ddi-doll, fe ddywedir.

Dyna sut y canodd Absalom Fardd, o Lanrwst, ar ei ymweliad â'r Efail rywdro. Ond falla mai crafu a seboni yr oedd yr hen foi, yn y gobaith o gael llond ei fol o fwyd a diod yn rhad ac am ddim. Doedd Meurig Ebrill o

Ddolgellau, ar y llaw arall, ddim hanner mor barod ei glod, yn enwedig i'w chwrw hi:

> Â Martha rwy'n ymwrthod – o herwydd
>   Dyhirwch ei diod;
>   Nid gweddus yfed gwaddod
>   Lle tybir fod bîr yn bod.

Er, doedd yntau, chwaith, ddim am sathru gormod ar gyrn y dafarnwraig:

> Cu odiaeth fîr pe cadwa – iachusol
>   Fel ei chaws a'i bara;
>   Ni wnâi un dyn o enw da
>   Ymwrthod â thŷ Martha.

Mae'n debyg fod arbenigrwydd arall yn perthyn i Martha'r Efail yn y cyfnod hwnnw, fel y profwyd pan brynodd teulu'r Cassons un o'r chwareli lleol a symud yma o Loegr i fyw. Yn ôl pob sôn, dim ond dau berson o blith holl drigolion yr ardal a allai gyfathrebu â nhw yn yr iaith fain! Morgan Prys, Llech Ronw, un o ddisgynyddion yr Archddiacon gynt, oedd un, a Martha'r Efail oedd y llall. Mae'r arysgrif uniaith Saesneg ar ei charreg fedd yn dystiolaeth ymffrostgar o'i dwyieithrwydd – 'She conducted the Pengwern Arms Hotel for about the space of 40 years with Credit to herself and her friends and Satisfaction to all.'

Cymydog agos i Martha – yn y fynwent, o leiaf – ydi'r Doctor Robert Roberts (1839–1914), neu **Isallt,** i roi iddo ei enw barddol.

> Feddyg gwerinol o feiddgar anian,
> A'i ofal amynaidd yn falm ei hunan;
> I lên bu'n dŵr, i'r delyn bu'n darian,
> Coeth ei arabedd mewn cainc a thriban;

> Oedd eilun tud, oedd lawn tân – ac asbri
> Enaid direidi, a'i eiriau'n drydan.

Roedd hwn, hefyd, yn dipyn o fôi yn ei ffordd ei hun, ac yn llawn haeddu'i le yn *Canrif o Gân*, Aled Lloyd Davies, lle caiff ei gydnabod fel tipyn o athrylith ym myd Canu Penillion y dyddiau hynny. Yn 1913, er enghraifft, fe'i gwahoddwyd i draddodi darlith i Anrhydeddus Gymdeithas y Cymmrodorion yn Eisteddfod Genedlaethol y Fenni, ar y testun 'Penillion Singing with the Harp, or Canu Gyda'r Tannau'. 'Mae'r ddarlith honno,' medd Aled Lloyd Davies, 'yn tystio'n huawdl iawn i'w grebwyll ac i'w feistrolaeth o'r hen grefft.'

Cymwynas fawr arall ganddo fu'r cymorth a roddodd i David Francis, y plentyn a gollodd ei dad yn ifanc ac a ddallwyd trwy ddamwain yn swyddfa Cwmni Greaves, perchnogion Chwarel y Llechwedd gynt. Mae'n debyg mai mam David Francis oedd â'r gwaith o lanhau'r swyddfa, a bod ei mab bach wedi tynnu potelaid o inc am ei ben a chael ei ddallu. Yn fwy na thrin ei anaf, fe aeth Isallt ati i annog y bachgen i ddysgu canu'r delyn ac i fynychu ysgol gerdd i'r deillion yn Lerpwl. Noddwyd yr addysg honno gan berchnogion y chwarel a threfnodd Isallt ymgyrch i godi arian yn lleol tuag at brynu telyn i'r bachgen.

Flynyddoedd yn ddiweddarach daeth Llys y Delyn, sef cartre'r Telynor Dall, fel y gelwid David Francis bellach, yn ganolfan i feithrin y grefft o ganu gyda'r tannau. Does raid ond enwi Ioan Dwyryd a'i blant – Eleanor, Llew a Gwenllian – i brofi cymaint o gyfraniad a wnaeth David Francis – ac Isallt hefyd, felly – tuag at gynnal a datblygu'r hen grefft (crefft sydd, ysywaeth, mewn peryg o edwino unwaith eto gan fod Radio Cymru ac S4C, er mawr gywilydd, yn dewis ei hanwybyddu hi bron yn llwyr. Fel ein dawnsio gwerin, mae'n debyg mai rhywbeth hen ffasiwn a berthyn i lwyfan steddfod yn unig ydi Canu Penillion erbyn heddiw.)

Roedd yr hen Ddoctor Roberts hefyd yn bysgotwr brwd, a bydd gan Emrys Evans fwy i'w ddeud am ei ddawn – neu'n hytrach ei ddiffyg dawn! – efo'r enwair yn y bennod ar 'Now'r Allt'.

Cymeriad arall sy'n gorwedd ym mynwent y Cyngor ydi'r prifardd **Elfyn** (R. O. Hughes), a enillodd, gyda'i awdl *Awen*, Gadair yr Eisteddfod Genedlaethol ar ei domen ei hun yma yn Stiniog yn 1898. Brodor o Lanrwst oedd o, ond cododd ei bac i ddod yma'n olygydd ar bapurau lleol *Y Rhedegydd* ac yna'r *Glorian*. Yn ei amser hamdden roedd o hefyd yn gneud ac yn gwerthu inc er mwyn ychwanegu mymryn at ei arian poced. Ond pres cwrw oedd hwnnw, yn amlach na pheidio! 'Lle bo camp, bydd rhemp.' Mae'r hen air hwnnw mor wir am Elfyn ag am unrhyw un. Cymeriad trasig, mewn sawl ystyr, ond dyrys a difyr serch hynny. Mewn cyfnod tlawd ar bawb, doedd dim teulu yn Llan Stiniog oedd lawer tlotach na'i deulu fo, a deuai iddo blyciau o euogrwydd ac iselder ysbryd yn aml o orfod cydnabod iddo'i hun y prif reswm am y tlodi hwnnw. Ymysg y gwaethaf o'r cyfnodau hynny oedd pan gollodd ddwy o'i ferched bach o fewn chydig ddyddiau i'w gilydd, a'r tro hwnnw, fel pob tro arall, doedd ganddo ond un ffordd i droi, sef yn edifeiriol at ei Dduw. Dyna pryd y cyfansoddodd yr emyn adnabyddus, 'Dy ewyllys Di a wneler', ac mae un o benillion yr emyn hwnnw'n deud y cyfan:

> Dy ewyllys Di a wneler!
> Os oes gofid ar fy rhan,
> Ti sy'n gwybod faint o bwysau
> A gynhalio f'ysgwydd wan;
> Bodlon ydwyf
> I'w croesawu oll o'th law.

Wrth ddisgrifio fel y bu i'r bardd gael ei gadeirio yn yr Eisteddfod Genedlaethol yn 1898, mae O. Trefor Roberts (Llanowain) yn ei gyfrol *Elfyn a'i Waith* yn dyfynnu tystiolaeth R. Hefin Jones, mab Bryfdir, y bardd lleol:

> Fy nhad oedd Ysgrifennydd y Pwyllgor Llên, ac erbyn dydd y Cadeirio yr oedd wedi cael lle i amau mai Elfyn fyddai bardd y Gadair. O weld yr amser yn nesáu, galwodd Bwyllgor brys, ac yno pasiwyd i'm tad logi trap a merlen, a mynd i'r Llan i chwilio amdano. Galwodd yn ei gartref, ond nid oedd yno: troi wedyn am Lyfrgell y Llan, a thrwy'r ffenest gwelai ef yn lled-orwedd ar un o'r cadeiriau, y papur dyddiol ar ei lin, a'i getyn wedi disgyn o'i law. Rhoddodd fy nhad gerydd go dda iddo am aros gartref o'r Eisteddfod . . . Wedi cael trwsio dipyn arno o'r tu allan i'r Babell, aeth y bardd i mewn ar ganol y feirniadaeth gan Dyfed a Berw, i glywed mai awdl 'Einion Urdd' oedd yr orau o ddigon.

Roedd R. Hefin Jones, fel y cofiaf yn dda, yn ŵr geirwir ac agos iawn i'w le, a does dim amau ar y stori fel yr adroddwyd hi wrtho gan ei dad. Ond y traddodiad yn lleol, fodd bynnag, ydi fod Bryfdir wedi gwarchod enw da ei gyfaill trwy gelu rhywfaint ar y gwir, sef iddo ddod ar draws Elfyn nid yn cysgu ar ganol smôc ond yn llymeitian ac yn lled-feddw. Boed hynny'n wir ai peidio, fe gludwyd y bardd buddugol o'r Llan i faes yr Eisteddfod, dair milltir i ffwrdd, i dderbyn ei Gadair ac mae'r disgrifiad o'r seremoni fel ag y ceir ef yn y *Cyfansoddiadau* (neu'n hytrach yr *Eisteddfod Transactions*!) yn werth ei ailadrodd am sawl rheswm difyr. (Fe gadwaf at yr orgraff wreiddiol rhag difetha naws yr adroddiad:)

> Nid gwaith hawdd ydyw desgrifio yr olygfa yn y babell pan y Cadeiriwyd y Bardd. Yr oedd y dorf enfawr newydd roddi derbyniad gwresog a theyrngarol i gynrychiolydd y Frenhines [Victoria, wrth gwrs!] ac yr oedd yn waith anhawdd iddynt reoli eu teimladau. Yr oedd y gadair farddol ar y llwyfan . . . Dyfed a ddewiswyd i ddarllen y feirniadaeth, ac er fod ganddo yn ei law feirniadaeth a gymerasai lawn awr i'w darllen drwyddi, cymerodd drugaredd ar y gynulleidfa, ac ni wnaeth ond difynu rhanau ohoni am ugain munud . . . cyhoeddodd o'r diwedd mai 'Einion Urdd' ydoedd y goreu. Yr oedd awgrym wedi myned allan y noson cynt mai 'Elfyn' oedd yn debyg o dderbyn y wobr, ac yr oedd rhai o gyfeillion y bardd yn Ffestiniog a'r ardal wedi bod yn ei baratoi ar gyfer y foment fuddugoliaethus. Yr oeddis, fodd bynnag, wedi ei gael i mewn yn ddigyffro, a phan welwyd ef yn codi ar ei draed . . . yn crynu gan swildod, cododd gwaedd o yddfau y miloedd pobl, oherwydd y mae 'Elfyn' yn boblogaidd gan ei gyd-drefwyr, a chan bob Cymro sydd wedi d'od i adnabyddiaeth âg ef . . .

Teyrnged, yn wir, i'r prifardd. Ond mae'r deyrnged honno'n pylu braidd o sylweddoli mai Elfyn ei hun oedd awdur y geiria! Ia, tipyn o gês!

★ ★ ★

Mae cymêrs fel arfer yn cael eu nabod felly oherwydd eu hiwmor, a'r haen uchaf o hiwmor – yn fy marn fach i, o leiaf – ydi'r ffraethineb parod hwnnw sy'n unigryw i ambell gymeriad ac yn gofiadwy i'r gweddill ohonom. Mae cymeriadau o'r fath i'w cael ym mhob cymdeithas bron, ond eu bod nhw'n brinnach, falla, erbyn heddiw. Ni all geiriau moel ar bapur fyth ail-greu yn gwbwl lwyddiannus y math yma o hiwmor greddfol, oherwydd rhaid clywed goslef llais a gweld direidi'r llygad cyn gallu gwerthfawrogi'r digrifwch i'w eithaf. Cymerwch, er enghraifft, y tro hwnnw pan welodd Doctor Roberts, 'Isallt', y cymeriad Robin Jolly (sy'n wrthrych pennod gyfan yn nes ymlaen) yn brasgamu i lawr Stryd Fawr y Blaenau. 'Lle ti'n mynd, Robin?' medda fo yn ei ddull busneslyd arferol. 'Wedi *bod* ydw i!' meddai hwnnw heb arafu'i gam. Hiwmor diniwed, mae'n wir, ac anfwriadol yn aml, ond nid pawb sydd â'r meddwl chwim i roi ateb mor barod. Neu be am y pysgotwr hwnnw, a oedd hefyd yn botsiar tra llwyddiannus, yn mynd â'r gwynt o hwyliau ei athro ysgol Sul slawer dydd? Yr athro, ar ôl darllen hanes yr help dwyfol a gafodd y disgyblion i lusgo llond rhwyd o bysgod allan o Fôr Tiberias, yn cyhoeddi'n fuddugoliaethus: 'A dyna ichi, gyfeillion, be *ydi* gwyrth!' 'Nage, wir!' meddai'r potsiar ffraeth ar ei union. 'Taen nhw wedi codi llond rhwyd o gwningod, *dyna* be fyddai gwyrth!' Mae hanesion Robin Jolly a Wil Bach Tŷ Nant – byddwch yn ei gyfarfod yntau yn nes ymlaen – yn frith o enghreifftiau fel'na.

Mae'n werth atgoffa'n hunain, serch hynny, nad rhywbeth a berthyn i'r gorffennol yn unig – nac i'r iaith Gymraeg yn unig, chwaith – ydi'r ffraethineb parod yma, ac mae **Pina**'n enghraifft dda o hynny! Eidales sydd wedi treulio'r rhan helaethaf o'i hoes yma yn y Blaenau ydi Pina, a chaiff ei chyfri'n dipyn o gymêr gan bawb, a hynny oherwydd ei thafod ffraeth. Megis y tro hwnnw pan aeth hi i mewn i siop gig ar y Stryd Fawr a gofyn am damaid o gig oen at y Sul. 'Welsh or New Zealand?' holodd y bwtsiar, gan fod peth gwahaniaeth yn y pris. Fe ddaeth yr ateb fel ergyd o wn, gydag acen Eidalaidd drom ar ei geiriau – 'I want to *eat* the bloody thing, not talk to it!'

Mae ffraethineb yn gallu bod yn greulon hefyd, ar adegau. Cymerwch, er enghraifft, brofiad T. O. Thomas, gŵr a fu'n gymydog da iawn i ni pan o'n i'n blentyn, ac a fu hefyd yn arweinydd Côr Meibion y Moelwyn am flynyddoedd lawer. Er iddo fynd i weithio i'r chwarel yn bedair ar ddeg oed, roedd Tom â'i fryd ar feithrin y dalent gerddorol oedd ganddo a bu'n mynychu ysgol nos a thalu am wersi piano ac organ er mwyn gwireddu'r freuddwyd honno. Ond yna, un diwrnod, ac yntau'n naddu llechi yn y felin, fe lithrodd ei law i'r gyllell a'r eiliad nesaf roedd wedi colli pen tri o'i fysedd. Trychineb o'r mwyaf, yn enwedig i rywun oedd yn paratoi at arholiad cerddorol yr LRAM. Ond fe ddygnodd Tom arni, a chael ei lwyddiant. Sut bynnag, i osod y stori o fewn ei chyd-destun, dyma fel y ces i hi ganddo: 'Ro'n i'n cerddad i lawr Stryd Fawr y Blaena yn fuan ar ôl y ddamwain,' medda fo, 'â'm llaw wedi'i lapio mewn bandej, pan ddois i wynab yn wynab â dau o hogia'r chwaral. Wrth fy ngweld i'n dod, dyma un yn troi at y llall ac yn deud – yn ddigon uchal i mi ei glywad o, wrth gwrs – "Paid â siarad efo hwn! Dydi o ddim yna i gyd, sti!"' Hiwmor anystyriol, mae'n wir, ond roedd Tom yn chwerthin yn braf wrth ailadrodd yr hanes oherwydd ei fod o'n gwybod o'r gorau bod llawer o gydymdeimlad yn rhan o'r hwyl hwnnw.

Gobeithio y cewch chithau ddifyrrwch a phyliau o chwerthin yn braf wrth ddarllen am rai o gymeriadau hynotaf Stiniog!

Huw Llwyd o Gynfal (c.1568–c.1630)
GERAINT V. JONES

> Yma y ganed Morgan Llwyd o Wynedd ...
> Piwritan, Llenor, Cyfrinydd,
> Awdur 'Llyfr y Tri Aderyn'

Dyna'n fras a ddywed y garreg goffa ar wal y tŷ, ond os mai Morgan ydi'r enwocaf o Lwydiaid Cynfal Fawr, does dim dwywaith nad Huw, ei daid (neu falla ei hen ddewyrth), oedd y mwyaf lliwgar a'r mwyaf diddorol o'r teulu o bell ffordd. Ond dydi hynny ddim yn deud na chafodd Morgan hefyd ei awr. Wedi'r cyfan, fe chwaraeodd ynta'i ran mewn dau ryfel cartref, gan gymysgu efo amball gymeriad go bethma yn ei ddydd – John Jones, Maesygarnedd, yn un. Roedd hwnnw'n weriniaethwr penboeth ac yn frawd-yng-nghyfraith i neb llai nag Oliver Cromwell ei hun. Ac er mai ymhél â gwleidyddiaeth a wnâi'r gŵr o Gwm Nantcol, fe gafodd yntau, fel Morgan ei fêt, ei alw'n 'ŵr duwiol'. Ond fu hynny ddim yn rhwystr, cofiwch, i'r hen Faesygarnedd roi pen Siarl y Cyntaf o dan y fwyell. Nac yn ffordd, chwaith, iddo osgoi talu'n hallt am ei ryfyg rai blynyddoedd wedyn pan lusgwyd ef i Tyburn, nid yn unig i'w grogi ond i'w ddadberfeddu a'i chwarteru yn ogystal! A phwy all wadu nad oes ambell wleidydd yn ein dyddiau ni, hefyd, sy'n haeddu tynged gyffelyb?!

Sut bynnag, Huw Llwyd, nid Morgan – ac yn sicr nid brawd-yng-nghyfraith Cromwell – ydi arwr y bennod hon.

Erbyn heddiw, mae Cynfal Fawr yn lle eithaf diarffordd, ond yn nyddiau'r Llwydiaid roedd rhwydwaith o ffyrdd prysur, gan gynnwys Sarn Elen – traffordd yr oes – yn criscroesi'r ardal hon, a rhedai un o'r rheiny heibio ffrynt y tŷ ar ei ffordd am Dyddyn Du, filltir i ffwrdd, ac ymlaen wedyn am y Lasynys yn Harlech a Chorsygedol yn Nyffryn Ardudwy.

Dyna ichi daith ddifyr fyddai honno yn yr oes a fu. Cael profi lletygarwch Cynfal heno, dyweder, yn gwrando ar Huw Llwyd a'i dad yn 'canu ar eu bwyd eu hunain', a chychwyn gyda'r wawr yfory er mwyn galw heibio'r Tyddyn Du, i dorri syched yn fan'no ac i glywed yr Archddiacon Prys amlieithog yn mynd trwy'i bethau ac yn taranu, bid siŵr, yn erbyn diffyg crefft a diffyg dysg prydyddion yr oes – meidrolion fel yr hen Wiliam Cynwal, Penmachno, er enghraifft, neu Siôn Phylip, Mochras. Yna, wedi ffarwelio â'r Salmydd Cân, prysuro ar garlam wedyn trwy Faentwrog i gyrraedd y Lasynys erbyn canol pnawn, i ddal pen rheswm yn fan'no efo gŵr cysglyd y tŷ wrth i hwnnw ddehongli ei *Weledigaethau* rhyfedd. Ymlaen o fan'no wedyn am Ddyffryn Ardudwy i gyrraedd hen blasdy Corsygedol cyn yr hwyr, a chlywed Siôn Phylip, y bardd llys, yn canu ei fawl i linach y Vaughaniaid – i'w cyswllt teuluaidd ag Owain Glyn Dŵr a gwrhydri eu hynafiaid ym myddin Harri Tudur – ac yn manteisio ar y cyfle hefyd, mwy na thebyg, i achub ei gam rhag cyhuddiadau ymrysonllyd yr Archddiacon Prys. A thrannoeth, wedi ffarwelio â Chorsygedol, pwy ŵyr na fyddid yn dilyn ffordd y porthmyn drosodd am y Bont-ddu a Dolgellau, i dreulio orig yng nghwmni Robert Vaughan yn yr Hengwrt, a chael cyfle i bori trwy'i gasgliad gwerthfawr o lawysgrifau prin.

Ia, tipyn o daith fyddai honno, ond un a fyddai'n mynd â ni allan o gylch y gyfrol hon! Yn ôl â ni, felly, i Gynfal Fawr, at Huw Llwyd.

★ ★ ★

Does dim dwywaith nad oedd hwn yn gymeriad a hanner, a falla bod a wnelo hynny rywfaint â'r ffaith mai merch Hendre-mur – neu Mur Castell – oedd ei wraig. Ydi'r enw hwnnw'n canu cloch? Fe ddylai, oherwydd dyma'r ffarm a dyma'r tir a roed gan y dewin Math fab Mathonwy yn anrheg priodas i Leu Llaw Gyffes a Blodeuwedd, slawer dydd. Ac os gadawodd Math a Gwydion eu hud ar y lle, yna pwy sydd i ddeud nad etifeddodd gwraig ifanc Huw Llwyd yr un ddawn ddewiniol, ganrifoedd yn ddiweddarach, a throsglwyddo honno wedyn i'w gŵr. Chwerthwch os liciwch chi ond, yn nyddiau Huw Llwyd, mi fyddai gwerin gwlad wedi bod yn barod iawn i gredu peth felly. Ac aml i beth arall hefyd! Wedi'r cyfan, oni wydden nhw i sicrwydd fod Huw yn dablo yn y gelfyddyd ddu? Onid oedd o'n cymuno efo'r Gŵr Drwg ei hun? Ac onid oedd hwnnw'n barod bob amser i anfon llu o'i ellyll i warchod ei fêt yng Nghynfal Fawr?

Mi alla i ddychmygu ambell un ohonoch yn crechwenu rŵan ac yn wfftio at y fath 'ofergoeledd', ond roedd hen bobol yr ardal hon yn gwbod be oedd be, ac am be roeddan nhw'n sôn, a fydden nhw byth wedi credu dim heb fod ganddyn nhw dystion! Gwas Huw Llwyd ei hun, er enghraifft. Onid oedd hwnnw, un hwyrnos, wedi dilyn ei fistar o dafarn ym Maentwrog a'i weld yn dewis llwybr yr afon yn ôl am adre yn hytrach na'r llwybr troed arferol? Ei weld o'n neidio o garreg i garreg a'r dŵr coch yn byrlymu o'i gwmpas! Penderfyniad hurt bost i neb ei neud ar noson o'r fath, o styried garwedd ceunant y Gynfal a'r llif mawr oedd yn yr afon. A phenderfyniad hurtiach fyth, wrth gwrs, i rywun oedd wedi cael peint neu ddau yn ei fol! Ond roedd Huw mewn dwylo diogel, yn ôl y gwas, oherwydd cyn cychwyn ar ei daith beryglus fe glywodd hwnnw ei fistar yn galw ar y 'du' a'r 'gwyn' – y drwg a'r da – i'w helpu y noson honno. Ac, er yn feddw, fe gyrhaeddodd Huw Llwyd adre, nid yn unig yn ddianaf ond â'i draed yn hollol sych hefyd. A rheswm da am hynny! Yn ôl tystiolaeth ei was ffyddlon (a pham y dylid amau gair hwnnw, nac edliw iddo yntau fod wedi treulio'r min nos yn yr un tŷ potas â'i fistar), fe anfonodd y Gŵr Drwg fflyd o'i ellyll i warchod ei gyfaill o Gynfal Fawr, a bu'r rheiny wrthi fel lladd nadredd yn symud meini'r afon fel bod pob cam meddw a gymerai Huw yn glanio'n ddi-ffael ar le sych a diogel. Yn rhyfedd iawn, fodd bynnag, does dim sôn bod y 'gwyn' wedi dangos unrhyw ddiddordeb yn ei warchod o!

Neu be am y tro arall hwnnw pan dynnodd Huw neb llai na'r Archddiacon Prys i'w ben? Dydd gŵyl ffair ym Maentwrog oedd hi, a Huw yn eistedd wrth ffenest agored y dafarn pan gerddodd y Salmydd Cân heibio – hwnnw ar ei ffordd i'w eglwys gyfagos, siŵr o fod. Er mwyn cael tipyn o sbort efo'i gyd-lymeitwyr, fe wthiodd Huw ei ben allan drwy'r ffenest a gweiddi pethau anllad ar ei gyfaill eglwysig a'i herio fo i ddod i mewn atyn nhw am beint. Byddai'n well iddo fod wedi cau'i geg, yn reit siŵr, oherwydd fe roddodd yr Archddiacon felltith arno yn y fan a'r lle, trwy beri i ddau gorn hir dyfu allan o'i ben, fel na fedrai Huw druan dynnu ei hun i mewn yn ôl i'r stafell, at ei beint a'i ffrindiau. Ac yno y bu, mae'n debyg, yn gyff gwawd i bawb, nes iddo weld yn dda i ymddiheuro am ei ryfyg, ac i Edmwnd Prys ddangos hynawsedd a thosturi dwyfol tuag ato.

Ond fe gafodd Huw hefyd ei ddial cyn nos. Wrth nesu at ei gartre yn y Tyddyn Du y noson honno, roedd yn rhaid i'r Archddiacon gerdded o dan gafn oedd yn cario dŵr i olwyn melin gyfagos, cafn a oedd yn colli mwy o ddŵr nag a gariai, yn ôl pob sôn. Fel roedd y Salmydd Cân yn camu odditano, pwy oedd yno'n aros yn y cysgodion, i gydio ynddo gerfydd ei war a'i ddal o dan y diferion nes ei fod o'n wlyb at ei groen, ond llu o gythreuliaid y Fall – yr un criw ag a fu'n gneud gwyrthiau yng ngheunant y Gynfal, mwy na thebyg! Ac oedd, roedd gwas Huw Llwyd yn dyst i'r digwyddiad hwnnw hefyd, mae'n siŵr, ac yn fwy na pharod i rannu'r profiad efo'i fêts ar ôl hynny, dros beint!

Neu be am Huw yn twyllo'r amaethwr hwnnw o'r Waun yn un o ffeiriau'r Llan? Gwerthu perchyll nobl iddo am arian da ond, cyn gynted ag y dychwelodd y ffarmwr i'w fro, dyma'r perchyll yn troi'n ddarnau o raffau gwellt diwerth. Dawn Gwydion yn fan'na, yn reit siŵr! Ac os nad ydi boi *fel'na* yn gymeriad a hannar ac yn werth sôn amdano, wel pwy sydd?

Mae sawl stori arall hefyd am Huw Llwyd yn defnyddio'i hudoliaeth er mantais iddo'i hun, hyd yn oed pan nad oedd o ond llanc ifanc. Megis y tro hwnnw pan gafodd siars gan ei dad i gadw'r brain allan o gae oedd newydd gael ei hau. Ond doedd gan Huw fawr o awydd sefyllian yn fan'no drwy'r dydd, felly be wnaeth o oedd hudo holl frain y cwm i mewn i'r beudy a'u cloi nhw yn fan'no nes i'w orchwyl ddod i ben.

'Pulpud Huw Llwyd.'

Mae'r garreg enfawr a elwir yn Bulpud Huw Llwyd yn atyniad hyd heddiw yng ngheunant y Gynfal, a hogiau mwy mentrus na'i gilydd o bob cenhedlaeth wedi mentro i lawr yno i'w ddringo. Tipyn o gamp, o styried fod y Pulpud yn golofn o graig tua chwe llath o uchder llithrig, gyda llwyfan yr un mor llithrig ar ei ben, a bod dŵr coch bob amser yn trochi o gwmpas ei droed. Ond yn yr oes brin-ei-phapur a di-feiro honno, dyma lle y deuai Huw i farddoni, gan fwmblan odlau cymhleth wrth y coed o'i gwmpas, odlau oedd yn swnio'n debycach i swynion mewn iaith ddiarth, falla – iaith na allai neb ond Satan ei hun ei dallt! Ac unwaith, oni welodd rhywun y dyn rhyfedd o Gynfal Fawr yn dringo'r piler rhyfedd o graig yng nghanol yr afon? A rhannu, o fan'no, ei farddoniaeth ryfedd hefo sŵn y dŵr? Ac onid oedd yn gwbwl amlwg i'r sawl oedd yn gwylio nad adlais odlau oedd i'w glywed yn dod yn ôl o'r ceunant ond llais y Gŵr Drwg ei hun yn cynnal ymddiddan? Do, fe dyfodd y cwmwl tystion gyda'r blynyddoedd a thyfodd nifer y credinwyr hefyd, nes bod pawb yn y diwedd yn gwybod o ble y câi gŵr Cynfal Fawr ei alluoedd rhyfedd – i siarad iaith estron, i wella clefydau, i weld y pell yn agos ac i bysgota a hela gyda'r fath lwyddiant. 'Ymneillduai yr hen fardd i ben y pulpud,' meddai Cynddelw yn ei ddull blodeuog ei hun, 'a byddai yn myned yno i ganol gordduar a chryg-ddwndwr byddarlef y rhaiadrau. Cyrchai yn y nos wrtho ei hun, er mawr ofid i'w wraig, yr hon fyddai yn ymgreinio yn y gwely, ac yn disgwyl iddo ddyfod i'r tŷ cyn oered â llyffant.' Go dda! A hyd yn oed yn yr oes wyddonol, dechnolegol hon, mae'n ymddangos bod y credinwyr efo ni o hyd. 'Huw Llwyd was a sorcerer who lived in the early 17th Century', meddai un awdur o Sais ar ei wefan. 'He was an eccentric seventeenth century local wizard,' meddai un arall ar ei wefan yntau. O wel, rhaid bod y peth yn wir, felly!

Ond rhag ofn inni neud cam â'r hen foi, falla mai teg fyddai inni styried eglurhad gwahanol ar bethau. Mae'n ffaith ddiymwad, er enghraifft, ei fod o'n ŵr amlddoniog, wedi ei fagu ar aelwyd grefyddol, ddiwylliedig. Fel ei frodyr Owen, yr hynaf, a Rhydderch, yr iengaf, fe gafodd Huw hefyd addysg prifysgol ac, fel y soniwyd eisoes, roedd o'n fardd pur grefftus yn ogystal. Roedd yn dda efo'r bwa a'r gwn a'r enwair, ac oherwydd hynny yn heliwr a physgotwr medrus. Yn ychwanegol at yr holl ddoniau hyn, roedd o hefyd yn seryddwr ac yn ffisegwr, a bu'n crwydro'r Cyfandir efo catrawd Syr Roger Williams, yn ymladd yn erbyn gorthrwm byddinoedd Catholig Sbaen. Medda fo:

> Yn Ffraingc yr yfais yn ffraeth – win lliwgar,
> Yn Lloegr, cawl odiaeth,
> Yn Holand 'menyn yn helaeth,
> Yng Nghymru, llymru a llaeth.

Dyna gymeriad pur wahanol i'r un rydan ni wedi'i gwarfod yn barod. Felly, pa un y dylen ni gredu ynddo?

Un o'r rhai a gâi groeso cyson ar aelwyd y Llwydiaid – teulu oedd 'ymhlith teuluoedd urddasolaf a pharchusaf Gwynedd', yn ôl Bob Owen, Croesor – oedd y bardd Huw Machno, ac mae ei gywydd o i Gynfal Fawr yn ateb ein cwestiwn ni, falla. Yn gyntaf, mae'r cywydd yn talu teyrnged i Huw Llwyd am droi'r bwthyn bychan oedd yno gynt yn blasty nobl:

> Trwsio, ffwrneisio a wnâi
> o'i ddyfais, i dŷ yn ddifai,
> a'i rannu yn gywreiniach,
> a throi dŵr drwy barlwr bach.

Yn y dyddiau di-rewgell a di-ffrij hynny, doedd dim un tŷ gwerth sôn amdano nad oedd llif dŵr oer yn rhedeg trwy'i fwtri, fel bod y gwin a'r llefrith a'r menyn a phethau felly yn cael pob chwarae teg.

Yna, mae Huw Machno yn mynd ymlaen i sôn am amrywiol rinweddau Huw Llwyd, ac yn rhoi inni ddarlun o gymeriad crwn y dyn. Mae'n cyfeirio at ei lyfrgell arbennig, at:

> lyfrau ar silffiau sydd,
> deg olwg, gyda'i gilydd

ac at:

> flychau elïau lân,
> a'i gêr feddyg o arian

– sy'n dystiolaeth ddiamheuol fod Huw yn gallu meddyginiaethu yn ogystal, efo eli at y peth yma a'r peth arall. Roedd honno'n ddawn deuluol, mae'n debyg, o gofio bod Owen, ei frawd hynaf, yn feddyg. A phwy sydd i ddeud na fu'n rhaid i Huw ymarfer y grefft ar sawl maes cyflafan yn Ewrop? Sut bynnag, yn ôl un o lawysgrifau Hengwrt, fe ddibynnodd Ellis Wynne o'r Lasynys yn helaeth ar 'lyfr Huw Llwyd Cynfel' pan oedd o'n ysgrifennu ei *Lyfr o Hen Physigwriaeth,* ond does 'na neb erbyn heddiw sy'n gwybod be ddigwyddodd i'r ffynhonnell hynafol honno, gwaetha'r modd.

Mae Huw Machno'n mynd ymlaen i ddisgrifio rhai o'r pethau eraill oedd i'w weld yng Nghynfal Fawr pan fyddai'n galw yno (rwyf wedi cymryd yr hyfdra i esbonio rhai geiriau, lle gallai'r ystyr fod yn astrus):

> a'i fwcled (*tarian*) glân ar wanas,
> a'i gledd pur o'r gloyw-ddur glas,
> a'i fwa yw (*pren y goeden ywen*), ni fu ei well,
> a'i gu saethau, a'i gawell,
> a'i wn hwylus yn hylaw,
> a'i fflasg, hawdd [y']i caiff i'w law,
> a'i ffon enwair ffein iawn-wych,
> a'i ffein gorn, a'i helffyn (*ffyn hela*) gwych,
> a'i rwydau, pan f'ai'r adeg (*yn y tymor pysgota*),
> sy gae tyn i bysgod teg,

> a'i ddrych oedd wych o ddichell (*ei sbienddrych yn ychwanegu at ei allu a'i glyfrwch, e.e. wrth hela*),
> a ŵyl (*a wêl*) beth o'i law o bell,
> a'r 'chess' a'i gwŷr (*y 'chessmen', mae'n debyg*), ddifyr dysg,
> a rhwydd loyw dabler (*gêm fwrdd debyg i wyddbwyll*) hyddysg.
> Beth yw'r holl bethau hyn?
> Mae dialedd (*cryn boblogrwydd*) am delyn.
> Pa bleser rhag trymder trwch
> I ddyn, pa fwy diddanwch
> Na chlywed . . . [*aeth gweddill y llinell hon ar goll*]
> Miwsig telyn mysg tylwyth?

Fel y gwelwch chi, mae cywydd Huw Machno nid yn unig yn disgrifio'r cartref ond hefyd yn rhoi gwell syniad inni o gymeriad unigryw Huw Llwyd ei hun. Cyfoeth, dewrder milwrol, dysg ac amlieithrwydd, awen farddol, dawn gwella clwyfau a darllen y sêr . . . heb sôn am ddoniau mwy cyffredin megis hela a physgota. Mae'n ymddangos bod galluoedd y gŵr o Gynfal Fawr yn ddihysbydd. A dyna a deimlai gwerin gwlad hefyd, o ran hynny – ond bod honno wedi gweld pethau o berspectif gwahanol.

Mae'r ffaith na wyddom ni i sicrwydd, hyd heddiw, pa bryd y cafodd Huw Llwyd ei eni na phryd y bu farw, na chwaith lle mae union fan ei fedd, yn ychwanegu at y gyfriniaeth sy'n ei gylch. Ond marw fu raid iddo, wrth reswm, fel pob meidrolyn arall, a chanwyd englynion coffa iddo yntau hefyd, megis y rhain gan Huw ab Ieuan ap Robert:

> Gwae Cynfal i gyd gan gwynfan, du ing,
>   Doi angau'n rhy fuan,
>   Pan aeth, mae'n waethwaeth weithian,
>   Huw Llwyd ar elor i'r llan.

> Pen campau doniau a dynnwyd– o'n tir,
> Maentwrog yspeiliwyd;
> Ni chleddir, ac ni chladdwyd
> Fyth i'r llawr mo fath Huw Llwyd.

Ond gan mai sôn am 'gymeriadau' rydan ni, yna pa ffordd well o orffen nag efo Huw Llwyd ei hun yn trefnu sut i gael ei gladdu (eto, bûm mor hy â diweddaru'r orgraff ryw chydig):

> Lliain gwyn a'm tyn o'm tŷ – â llinyn
> Y lluniwch im wely,
> A gwesgwch, yno i gysgu,
> Fi'n fyddar i'r ddaear ddu.
>
> Gwryd o liain gorwyn – y borau
> Fydd barod i'm derbyn;
> A gwrach daer, grych ei deuryn
> Ag ewin dew gwnia'n dynn.
>
> Rhaid gorwedd ar waeledd wely – duoer
> A daear o'm deutu.
> Dan y cwrlid, tomlyd lu,
> I ddiwedd budredd lydnu.

Ia, tipyn o gymêr. A thipyn o foi.

'Yr Hynod William Ellis' (1789–1855)

STEFFAN AB OWAIN

Un o gymeriadau'r oes o'r blaen oedd 'Yr Hynod William Ellis', fel y'i gelwir ef gan ei gofiannydd (Griffith Williams, Talsarnau), ac fel y nodir ar ei garreg fedd ym mynwent Eglwys Maentwrog. Fe'i ganwyd yn 1789, ym Mron Turnor, sef bwthyn bychan nid nepell o Dan-y-bwlch yn nyffryn Maentwrog. Bachgen pur anystywallt oedd o, yn ôl pob tystiolaeth gynnar, a dywedir iddo gael ei aflonyddu gan ddryswch meddwl pan oedd o'n llanc ifanc. Ni fyddai'n tywyllu'r un eglwys na chapel, ac nid oedd crefydd na duwioldeb yn rhan o'i feddwl, byth. Eto i gyd, fe gafodd rywfaint o brofiad o ysgol Sul, ac mae'n debyg iddo ddysgu darllen rhyw fymryn yno.

Roedd ganddo ddwy chwaer, sef Margaret, yr un dew, a Gwen, yr un denau, a dywedir bod corffolaeth William yn ei osod yntau rywle rhwng y ddwy. Doedd yr un o'r tri yn arbennig o iach, mae'n debyg: Margaret yn cwyno â phoenau yn ei haelodau, Gwen yn diodde gyda brest ddrwg, a William, yn ôl ei dystiolaeth ei hun, â chalon wan. Roedden nhw'n gwahaniaethu yn eu daliadau crefyddol hefyd: Margaret yn Eglwyswraig, Gwen yn Fedyddwraig a William, ar ôl diffeithwch ysbrydol bore oes, yn troi at y Methodistiaid i achub ei enaid. Tri blêr ac anhrefnus oedden nhw, a'u tŷ cyn flered ag un Jeroboam unrhyw ddydd. Yn amlach na pheidio, gwisgai William gôt o frethyn cartref, clôs pen-glin, a het gantal lydan oedd yn dolciau am y gwelech chi, ac a oedd mor fawr nes ei bod yn disgyn dros ei glustiau gan guddio rhan ucha'i wyneb.

Yn dilyn plentyndod cyfeiliornus, cafodd y William Ellis ifanc waith ar dyddyn cyfagos, ac un diwrnod cafodd ei anfon gan ei feistr ar neges i Drawsfynydd. Ond pan gyrhaeddodd y tŷ, doedd y gŵr oedd i dderbyn y neges ddim gartre; roedd wedi mynd i wrando pregeth, meddai rhywun wrtho. Pe bai ganddo geiniog neu ddwy yn ei boced byddai William wedi chwilio am gysur yn y dafarn, ond doedd hynny ddim i fod. Ei unig ddewis, felly, oedd sefyllian y tu allan i'r capel nes i bethau yn fan'no ddod i ben. Ond daeth yn gawod drom a gwthiodd ei hun i borth y capel am gysgod. Gallai rŵan glywed y pregethwr huawdl yn traethu ar 'ddrygioni a thwyll calon pechadur' a chyfareddwyd ef gan lais a neges y pregethwr dieithr. Wrth wrando, daeth i gredu'n siŵr mai darlun o'i galon bechadurus ef ei hun oedd byrdwn y bregeth ac fe'i llethwyd yn y fan a'r lle gan don o edifeirwch ac iselder ysbryd. Doedd o ddim i wybod ar y pryd mai John Elias o Fôn oedd yn gyfrifol am ei dröedigaeth.

Gŵr trwblus iawn ei feddwl oedd William Ellis ers ei blentyndod ac ni fu gwrando ar hyd yn oed John Elias o Fôn yn ddigon i'w wella. Mae'n debyg iddo geisio gwneud amdano'i hun fwy nag unwaith, ond bod rhywbeth neu'i gilydd wedi dod bob tro i'w ddarbwyllo neu i ddrysu'i gynlluniau – megis llais yn ei ben yn ei rybuddio, 'Nid oes i leiddiad dyn fywyd tragwyddol.'

Un tro, digwyddai Lewis Morris fod yn pregethu yn yr ardal a phenderfynodd William fynd i wrando arno. Yn ystod ei bregeth rymus, cymhellodd Lewis Morris y gwrandawyr i droi eu hwynebau at y Gwaredwr gan ychwanegu 'fod yr Iachawdwriaeth yn ddigon i bawb'. Dyna pryd y cododd William o ganol y gynulleidfa a gweiddi lawn cymaint â'r pregethwr ei hun, 'Rydych yn cyfeiliorni, gyfaill! Nid yw'n ddigon i *mi*.' Gofynnodd y pregethwr iddo ymdawelu a dod i'w weld ar ddiwedd yr oedfa, ac felly y bu.

'Rydych wedi dweud celwydd!' dwrdiodd William yn fan'no eto, gan godi ei ddyrnau at wyneb y pregethwr. 'Dweud fod yr Iachawdwriaeth yn ddigon i bawb. Ond nid yw'n ddigon i *mi*!' Fe gydiodd Lewis Morris ynddo gerfydd ei ysgwyddau, ac wedi rhoi ysgwydfa iawn iddo, ei sodro ar fainc gerllaw. Fe dawelodd William yn fuan iawn wedyn. Ymhen blynyddoedd, daeth y ddau yn bennaf ffrindiau a bu'r helynt yng nghapel Maentwrog yn destun difyrrwch iddynt fwy nag unwaith.

Fe gafodd pobol yr ardal hon ddigon o achos wedi hynny hefyd i feddwl bod William yn gwallgofi, a chaed rhai hyd yn oed yn galw am ei roi mewn rhwymau. Fu clywed peth felly o ddim lles i William ei hun, wrth gwrs, a dyfnhau a wnâi ei bruddglwyf. Y canlyniad fu iddo gael ei anfon at berson Llanarmon Dyffryn Ceiriog, gan fod hwnnw'n gallu gwella salwch meddwl, yn ôl pob sôn. Gŵr o'r enw William Williams o'r Rhyd a aeth yn gwmni iddo ar y daith ond pan oeddynt yn mynd heibio fferm yn ardal y Bala, gwelsant fod ocsiwn yn cael ei chynnal yno, felly dyna oedi eiliad i weld beth oedd 'yn mynd o dan y mwrthwl'.

'Gwerthu ceffyl maen nhw!' meddai William Williams, a pharatoi i ailgychwyn ar ei daith. Ond, yn hollol ddirybudd, dyna William Ellis yn rhoi cynnig am y ceffyl – ac yn ei gael! Wyddai William Williams druan ddim pa ffordd i droi, wedyn. Doedd ganddyn nhw mo'r arian i brynu'r anifail a doedd wybod pa mor chwyrn fyddai ymateb y lleill pan glywent hynny. A pha werth oedd y ceffyl iddyn nhw, beth bynnag? Ond, a phethau'n dechrau edrych yn ddu, fe wenodd Rhagluniaeth arnynt yn annisgwyl wrth i ryw borthmon ddod heibio a chynnig prynu'r ceffyl am £2 yn fwy nag a dalodd William Ellis amdano. 'Dyma i ni dipyn o arian poced, yntê Bili bach?' meddai hwnnw a rhannu'r elw efo'i gyfaill. Efallai nad oedd yr hen William Ellis mor wirion, wedi'r cyfan.

Yn ystod ei arhosiad yn Llanarmon Dyffryn Ceiriog, cyrhaeddodd y newyddion am farwolaeth Thomas Charles yn y Bala. 'Wel, dyna un eto wedi mynd i uffern,' meddai'r person wrtho. Byddai'n well iddo fod wedi cau'i geg oherwydd, yr eiliad nesaf, trawodd William ef â'i ddwrn nes ei fod yn llyfu'r llawr, ac yna neidio arno a gwasgu dau fawd ar ei bibell wynt.

'Ble mae Mr Charles?' gofynnodd yn fygythiol gan lacio digon ar ei afael i'r person allu ateb.

'Yn y nefoedd,' meddai hwnnw'n floesg.

'Mae'n dda dy fod wedi dweud hyn'na,' meddai William, 'neu roeddwn yn bwriadu dy anfon di i uffern er mwyn iti gael gweld drosot dy hun nad yw Mr Charles yno.'

O ganlyniad i'r pwl hwn o orffwylltra, anfonwyd at deulu William i ddod i'w nôl a chyrchwyd ef adref heb iddo gael ateb i'w bruddglwyf. Cyngor y person i'r teulu oedd y dylid rhoi William yng ngofal y Methodistiaid Calfinaidd!

Un diwrnod pan oedd yn dyrnu yn yr ysgubor, dechreuodd William Ellis feddwl pa fath le oedd uffern, a phan glywodd lais yn dweud wrtho, 'Waeth iti heb â gwastraffu d'amser yn trio dychmygu'r lle; mi fyddi di yno'n fuan,' cydiodd ryw ddiffrwythdra ynddo a llewygodd i ganol y gwellt. Pan ddaeth ato'i hun, honnai fod Duw wedi siarad â fo a'i fod o bellach yn ddyn newydd.

Cyn hir, fe'i derbyniwyd yn gyflawn aelod o'i gapel ac ymhen amser wedyn yn flaenor parchus yno. Ac wrth iddo ennill parch ac i'r Achos fynd i ddibynnu mwy a mwy arno, dechreuwyd galw'r lle yn 'Capel William Ellis'. Cynhelid ffair ym Maentwrog yn y dyddiau hynny ac fel llawer Methodist cul arall yn y cyfnod, fe gredai William mai gwaith y Diafol oedd peth felly. Dyma'i gyhoeddiadau ar derfyn oedfa'r hwyr ar y Sul cyn y ffair:

Cyfarfod gweddi nos Lun, Seiat nos Fercher a sioe ym Maentwrog bnawn dydd Gwener. Cyfarfod yn perthyn i'r deyrnas arall ydi hwnnw ond mae'n deg i chi wybod amdano fel bod pawb sy'n perthyn i Deyrnas y Tywyllwch yn cael cyfle i fynd yno; ac mi fyddwn ninnau, wrth gwrs, yn gwylio i gael gweld pwy fydd y rhai hynny.

Yn ôl pob sôn, fe wnaed mwy o ddrwg i'r ffair y flwyddyn honno nag ar unrhyw adeg arall erioed.

Doedd prydlondeb ddim yn rhinwedd yn William Ellis. Anaml y byddai'n cyrraedd y capel mewn pryd a dechreuodd yr aelodau gwyno amdano. Aeth un pregethwr cyn belled â'i geryddu ar goedd. Ond roedd gan y gwron ei reswm yn ddi-ffael – y ffordd o Fron Turnor i'r capel yn bell iddo'i cherdded, neu ei gloc mawr yn cadw amser ond ei fod ar ei hôl hi! Yna, mewn un Cyfarfod Misol, gofynnodd un o'r gweinidogion iddo, 'A yw'r aelodau'n dod at ei gilydd i'r moddion wythnosol yn o dda, William? Ac a ydynt yn dod yn brydlon?' 'Wel, Mr Humphreys bach,' meddai yntau, yn ymwybodol o'r ergyd yn y cwestiwn, 'rydym yn mynd *o* bob cyfarfod gyda'n gilydd yn daclus iawn, beth bynnag.'

Fe deithiodd William gryn dipyn yng nghwmni gweinidogion parchus yr oes – rhai fel John Jones, Tal-y-sarn; R. Humphreys, Dyffryn Ardudwy; Daniel Rowlands, y Bala, ac eraill – ac ar un achlysur dywedir iddo roi pryd llym o dafod i Daniel Rowlands oherwydd i hwnnw ddefnyddio 'cydmariaeth rhy isel' wrth sôn am drefn yr Iachawdwriaeth.

'Dywedais yn ei glywedigaeth,' meddai Daniel Rowlands ei hun: 'Mae trefn yr iachawdwriaeth fel eli Treffynnon; fe'i mendith chwi yn union. Ond wrth imi adael y capel,' ychwanegodd, 'mi safodd William Ellis o'm blaen a'm ceryddu yn ofnadwy, a'm rhybuddio i byth â defnyddio'r gymhariaeth honno drachefn.' Oedd, roedd William Ellis wedi newid llawer iawn ers y dyddiau cynnar.

Caiff sawl stori arall ei hadrodd amdano. Er enghraifft, pan oedd yn ŵr ifanc bu'n porthmona am dymor ac aeth cyn belled â Llundain. Yno, un bore, cafodd orchymyn i symud y gwartheg o un maes i un arall a hynny cyn cael ei 'foreufwyd', chwedl yntau. Bu yno am oriau lawer nes bod chwant bwyd bron â'i drechu. Felly, dechreuodd weddïo am fara beunyddiol ond, tra oedd wrthi, daeth gorchymyn iddo symud y gwartheg eto, i gae yr ochr arall i'r ffordd y tro yma. Fel yr oedd wrth y gwaith hwnnw, daeth cerbyd dau-geffyl tuag ato ac aros yn amyneddgar i'r gwartheg groesi. Yna, heb rybudd, agorwyd ffenestr y cerbyd ac estynnodd boneddiges ifanc barsel iddo. Diolchodd iddi, er na wyddai beth oedd cynnwys y pecyn, ac aeth y cerbyd i ffwrdd ar ei union. Pan agorodd William y parsel, gwelodd mai cyw iâr wedi'i goginio yn y ffordd orau bosib oedd ynddo; wedi hynny, bu'n cymharu'r gymwynas â 'hanes y gigfran yn porthi Elias'.

Bu hefyd yn cario llechi o'r chwarel i lawr i'r cei ar afon Dwyryd ym Maentwrog, gyda gwedd o geffylau yn tynnu'r drol. Gallai bendwmpian yr holl ffordd wrth y gwaith hwn, yn ôl pob sôn, oherwydd roedd y ceffylau yn hen gyfarwydd â'r daith, heb angen neb i'w tywys. (Gyda llaw, byddai ei chwaer Gwen hefyd yn gwneud yr un math o waith.) Byddai'n gorfod cychwyn ar doriad gwawr i gyrraedd Chwarel y Diffwys uwchlaw Blaenau Ffestiniog erbyn y deuai'r chwarelwyr at eu gwaith, a byddai'n lledorwedd ar swp o wellt yng nghefn y wagen a gadael i'r ceffylau ffeindio'u ffordd eu hunain. Doedd dim problem, fel rheol, ond un bore yn y gaeaf, a hithau heb eto wawrio'n iawn, fel roeddynt yn mynd trwy'r Manod am Glan-y-gors, fe safodd y ceffylau'n stond yn eu hunfan a gwrthod mynd gam arall ymlaen. Methai William Ellis â dirnad beth oedd wedi eu dychryn ond y foment nesaf tyfodd sŵn arallfydol o gyfeiriad y Manod Bach, a daeth goleuni llachar i'w ganlyn, 'fel haul cryf canol dydd', meddai William. Yna, ac yntau mewn ofn erbyn hyn, clywodd gôr yn canu ar y dôn 'Capel y Ddôl' y geiriau:

> Torf o frodyr sydd yn gorwedd
> Yn y bedd, anghofus dir,
> Yn y dyffryn, lle maent hwythau
> Byddaf innau cyn bo hir,
> Lle ni chlywir
> Dim o sŵn gofidiau'r byd.

Yn ôl yr hanes, ni fentrodd William i'r chwarel byth ar ôl hynny. Rhyfedd hynny hefyd, oherwydd roedd y creadur wedi bod yn clywed pethau rhyfedd ar hyd ei oes!

Bu farw 'Yr Hynod William Ellis' ar Awst y deuddegfed, 1855, ac mae ei fedd i'w weld hyd heddiw ar fin y llwybr sy'n arwain at ddrws Eglwys Maentwrog.

Robin Siôn (1812–1881)
STEFFAN AB OWAIN

Mab i William Siôn a Lowry Rhobert, Holland, oedd Robin Siôn, Penllwyn. Nid Holland y wlad, gyda llaw, ond y chwarel a enwyd ar ôl ei pherchennog, Samuel Holland. Y tebyg yw fod y teulu'n byw ar un adeg yn un o dai bach Chwarel Holland, cyn symud wedyn i anhedd-dy bychan o'r enw Clytiau, ar dir Cwm Orthin – tŷ a godwyd gan William Siôn ei hun, gyda chymorth Robin y mab. Mae'r tŷ hwnnw hefyd wedi'i gladdu o dan domen rwbel y chwarel ers blynyddoedd bellach.

Yn ei gyfrol *Y Fainc Sglodion* (1953), mae J. W. Jones (Joni Bardd) yn talu'r deyrnged hon i Robin Siôn: 'Un o'r cymeriadau gwreiddiolaf yn ei ddydd yn ein henfro oedd Robert Jones, Penllwyn, Tanygrisiau.'

Os oedd ei dad yn un o gewri'r cyfarfod gweddi, a'i fam yn wraig grefyddol tu hwnt, un pur wahanol oedd Robin, eu mab. Ei duedd oedd cymryd pob dim yn ysgafn a throi popeth yn hwyl. Roedd yn un hynod o ffraeth a smala, mae'n debyg, ac yn heliwr llwynogod o fri. Gwyddai am bob daear llwynog yn yr ardal a chyfrifid ef hefyd yn bysgotwr penigamp na ddeuai adref byth gyda chawell wag.

Roedd Cwm Orthin, ar un adeg, yn gynefin i lawer o

gigfrain a fyddai'n aflonyddu ar ddefaid ac ŵyn bach. Tra oedd yn hela un diwrnod, fe sylwodd Robin Siôn ar un ohonynt yn nythu ar graig nid nepell o Chwarel y Rhosydd ym mhen ucha'r Cwm. Ond wrth i Robin ddringo tuag ati, fe hedodd honno'n ddigon pell i ffwrdd. Galwodd yntau am help rhai o ddynion y chwarel. 'Dowch draw ata i,' medda fo, 'ac yna, wedi i mi guddio yn y brwyn, ewch i ffwrdd eto, fel bod y gigfran yn meddwl fod pawb wedi gadael, oherwydd fedar brain ddim cyfri.' Fe dwyllwyd y frân a saethodd Robin hi'n gelain. Fe wnaeth enw iddo'i hun ymysg chwarelwyr y Rhosydd y diwrnod hwnnw a buan y tyfodd straeon eraill am ei gampau.

Ni fyddai byth yn crwydro'r llechweddau heb ei wn a'i gi i'w ganlyn. Aeth ar sgawt un tro dros y Moelwynion i blwyf Llanfrothen, a gwelodd ysgyfarnog yn dod tuag ato a sŵn cŵn hela Ynysfor yn ei dilyn. Rhoddodd Robin swadan farwol iddi hi ac ymhen dim roedd yn y boced fawr y tu mewn i'w gôt, a phan gyrhaeddodd yr helgwn dechreusant gyfarth yn fygythiol fel petaen nhw am ei larpio'n fyw.

'Mr Jones annwyl!' gwaeddodd Robin pan welodd berchennog y bytheiaid yn dod i'r golwg. 'Gwaeddwch ar y cŵn 'ma, da chi, rhag iddyn nhw fy lladd i.' Ac ychwanegodd rybudd arall, 'Mae'r hen ast 'ma'n cwna, cofiwch.' Fe aeth Robin adre'n holliach, â sgwarnog yn ei boced.

Un pnawn Sadwrn mentrodd i Feddgelert i bysgota, ond daeth yn niwl dopyn arno ac fe gollodd ei ffordd adref nes methu cyrraedd Tanygrisiau tan fore Sul – fel yr oedd pobl yn mynd i'r oedfa. Pwy a'i gwelodd ond Thomas

Jones, goruchwyliwr Chwarel Rhosydd a blaenor amlwg yng nghapel Bethel (MC).

'Onid oes arnat ti ofn i'r Arglwydd dy daro â barn, dŵad, am halogi ei ddydd fel hyn?' gofynnodd hwnnw.

'Nag oes, yn wir, Thomas Jones,' meddai Robin. 'Y mân stiwardiaid odditano fo ydi'r rhai gwaethaf o lawer.'

Pan ddechreuodd ganlyn, mae'n debyg bod Catrin, ei gariad, wedi gwirioni arno. 'Mae'n rhaid imi dy gael di, Robin bach, pe bai'n rhaid inni fyw ar fara a dŵr!'

'Gofala di am y bara,' medda fynta, 'ac mi ofala innau am y dŵr.'

Wedi iddyn nhw briodi, aethant i Benllwyn i fyw, tŷ bychan ar ochr y rheilffordd gul ac uwchlaw'r ffordd yn Nhanygrisiau. Fel sawl un arall yn yr oes dlawd honno, fe gadwai Robin chydig o ieir yn ymyl y tŷ. Ond go brin bod yr adar hynny'n hapus i glwydo unrhyw noson oherwydd cadwai Robin lwynogod yn ogystal. Dyma fel y canodd ei gyfaill Evan Roberts, neu 'Ieuan Hengal y Traethau', iddo:

> Os digwydd boneddwr ddod yma i Ffestiniog
> A theimlo'n ei galon ryw awydd gweld llwynog,
> Os daw i Benllwyn, caiff weled yn hy
> Dri chadno yn chwarae o gwmpas y tŷ.

Yn ôl J. W. Jones roedd ganddo enw ar bob un ohonynt, ac roeddynt yn gyfeillgar iawn gyda'r cŵn a'r cathod i gyd.

Un diwrnod, aeth Robin â llond basged o wyau ffres at siopwr i geisio'u gwerthu iddo.

'Na,' meddai hwnnw'n drwynsur. 'Dwn i ddim be i' neud â nhw.'

'Wel eistedd arnyn nhw i edrych gei di gywion,' meddai Robin yn sarrug.

Daeth amser pan lwyddodd Catrin a Robin i gael llathen

o gownter eu hunain ac mae stori amdanynt yn prynu casgennaid o benwaig i'r gwerthu. Ond pan agorodd Robin y gasgen, sylweddolodd fod y pysgod i gyd yn drewi. Pan ddaeth y gwerthwr heibio am ei arian, gwrthododd Robin dalu iddo ac fe'i gwysiwyd gerbron llys barn.

'Gawsoch chi lawer o benwaig gan y brawd hwn?' holodd y barnwr.

'Do, llond casgen,' meddai Robin.

'Wel pam na thalwch chi amdanynt?' holodd y barnwr eto.

'Am eu bod yn drewi.'

'Be wnaethoch chi efo nhw, felly?'

'Eu claddu,' oedd ateb nesaf Robin.

'Pwy orchmynnodd ichi eu claddu?' gofynnodd y barnwr.

'Y gŵr hwn,' meddai Robin, gan bwyntio'i fys at y gwerthwr.

Doedd gŵr y periwig ddim fel tae'n credu stori'r diffynnydd. 'A pham fydda fo am ichi wneud peth fel'na, meddach chi?'

'Wn i ddim wir, syr, os nad oedd o'n meddwl y bydden nhw'n atgyfodi'n benwaig ffres.'

Yn ôl pob sôn, fe chwarddodd y barnwr a phawb arall yn y llys dros bob man!

Pan oedd Robin Siôn yn gweithio yn Chwarel Rhiw, roedd disgwyl i bob dyn ifanc yno gyfrannu hanner coron y flwyddyn tuag at y Feibl Gymdeithas. Pan wrthododd Robin â gneud hynny, fe hysbyswyd Robert Owen, goruchwyliwr y chwarel, am ei gyndynrwydd ac aeth hwnnw, efo'r casglyddion i'w ganlyn, i chwilio am y troseddwr.

'Oes arnat ti ddim cywilydd, Robin,' medda fo, 'yn gwrthod rhoi hanner coron i'r Arglwydd ac Yntau wedi dy gadw a dy gynnal di ar hyd y flwyddyn?'

'Mi faswn i'n fwy na pharod i gyfrannu hanner coron, Mr Owen,' meddai Robin ar ei union, 'pe cawn i ei roi yn llaw yr Arglwydd ei hun.' Yna pwyntiodd at y casglyddion. 'Petawn i'n ei roi i'r rhain,' medda fo wedyn, 'mi fyddai'r Hollalluog yn lwcus i dderbyn cymaint â swllt ohono!'

Dro arall, yn dilyn cwymp yn y chwarel, aeth Robin Siôn at y goruchwyliwr i ofyn caniatâd i chwilio'r graig oedd wedi dymchwel am gerrig (llechfaen) i'w trin. O gael caniatâd hwnnw, aeth yno drannoeth efo William, ei fab, i ddewis deunydd a oedd yn debygol o hollti'n braf. Erbyn iddynt gyrraedd yno, fodd bynnag, gwelodd Robin fod dyn o'r enw Dafydd Lewis wedi bod yno o'u blaen ac wedi marcio pob carreg o werth efo llythrennau ei enw ei hun – D L – gan adael bwlch rhwng y llythrennau hynny fel eu bod yn ymestyn dros wyneb pob carreg. Gwylltiodd Robin yn gandryll wrth weld pa mor farus fu hwnnw a gwaeddodd ar ei fab,

'Tyrd o'ma am dy einioes, Wil!' 'Mae'n rhaid ein bod ni ym mynwent y gŵr drwg ei hun.' (Yn yr oes honno, D—l oedd yr agosaf y deuid at ysgrifennu enw'r Diafol neu'r Diawl!)

Gan mai rhan o'i waith yn y chwarel oedd gneud cerrig beddau, roedd Robin yn teimlo mai fo a ddylai gael y dewis cyntaf ar bob carreg o faint ac o ansawdd arbennig a anfonid i fyny o'r 'twll', waeth pa greigiwr oedd wedi rhoi ei enw arni. Byddai'n eu cymryd heb sôn gair wrth neb. Canlyniad peth felly, yn amlach na pheidio, oedd iddi fynd yn ffrae rhyngddo a'r creigwyr, sef y rhai oedd yn gweithio o dan ddaear yng ngolau cannwyll wêr ac yn anfon cerrig i'r wyneb i gael eu trin gan eu partneriaid yn y felin. Os oedd Robin yn helpu'i hun i'w cerrig nhw, yna roedd yn dwyn rhywfaint o'u bywoliaeth. Ceir hanes un creigiwr, a welodd golli carreg rywiog, yn mynd i holi Robin Siôn yn ei chylch.

'Welist ti garrag efo f'enw i arni, Robin?'

'Naddo'n wir,' meddai hwnnw'n gelwyddog.

'Wel, mi anfonais i un i fyny bore 'ma a dwi wedi chwilio'r gwaith amdani, ond does neb wedi'i gweld hi,' meddai'r achwynwr.

'Oedd 'na wêr cannwyll arni hi?' holodd Robin.

'Mae'n bosib y bod,' meddai'r creigiwr yn ddiamynedd. Wedi'r cyfan, doedd peth felly ddim yn anghyffredin o styried fod pob creigiwr yn gorfod gweithio yng ngolau cannwyll wêr.

'O! Dyna'r eglurhad, felly!' meddai Robin Siôn efo wyneb syth. 'Llygod mawr sydd wedi'i bwyta hi, siŵr Dduw. Fe wyddost ti mor sgut ydyn nhw am gannwyll wêr.'

Fel y soniwyd eisoes, doedd Robin ddim yn gapelwr o fath yn y byd, ond fe'i perswadiwyd unwaith gan ei gyfaill Sion Tudur i fynd i wrando ar John Jones, Tàl-y-sarn, yn pregethu yn Hen Gapel Bethel (MC) yn Nhanygrisiau. Oherwydd eu bod yn hwyr yn cyrraedd, fodd bynnag, a'r capel erbyn hynny'n gyffordduus lawn, yr unig le iddynt eistedd oedd o dan y 'seren fawr' a ddaliai'r canhwyllau oedd yn goleuo'r capel. Gan fod y drysau'n cael eu cadw'n agored, deuai chwa o wynt i siglo'r canhwyllau yn ôl a blaen gan beri i'r rheiny ddiferu eu gwêr am ben Robin a'i gyfaill.

'Aros di, myn diawl!' medda fo dan ei wynt, a gan wingo'n aflonydd yn ei sedd. 'Os na symuda i'n reit sydyn, mi fydda i'n mynd o'ma'n debycach i lewpart na dim arall.'

Dyma'r adeg y cynhelid cyfarfodydd yn ardal Stiniog – fel sawl ardal arall – i annog pobl i ymfudo i'r Wladfa ym Mhatagonia. Hwn oedd y pwnc trafod mawr yn y dyddiau hynny, ac yn arbennig felly yng nghaban y chwarel, a gellid meddwl bod Patagonia yn nefoedd o le i fynd iddo. Yn wir, fe ymfudodd mintai o'r ardal hon yno yn 1874, ac yn eu plith roedd William R. Jones, 'Gwaenydd', sef mab Robin Siôn ac arweinydd seindorf gyntaf Blaenau Ffestiniog.

Yn ystod y cyfnod hwn, cafodd yr ardal ei thristáu pan fu merch i oruchwyliwr y chwarel y gweithiai Robin Siôn ynddi farw'n annhymig. Fel nifer o weithwyr eraill aeth yntau i gydymdeimlo â'r teulu yn eu galar.

'Diolch ichi am alw, Robin,' meddai'r tad galarus. 'Mae'n gysur gwybod ei bod hi wedi mynd i'r nefoedd.'

'Neu i Batagonia, falla,' meddai Robin Siôn – yn cymysgu'r ddau le yn ei ddiniweidrwydd.

Ond yn fuan wedyn fe ddaeth tro Robin yntau i groesi i'r ochr draw. Bu farw ar y pedwerydd ar ddeg o Ebrill 1881 a'i roi i orwedd ym mynwent y Llan, yn gwmni i sawl cymeriad arall sydd yno.

Jac Llan

EMRYS EVANS

Yn y dyddiau pan oedd 'hen dref y chwareli', chwedl Eifion Wyn, gryn dipyn yn fwy o ran poblogaeth nag ydi hi erbyn heddiw, roedd yma yn Stiniog gymeriadau lu, ac un o'r hynotaf ohonyn nhw i gyd oedd Jac Llan. Go brin fod yma neb oedd yn fwy poblogaidd na fo, hefo plant ac oedolion fel ei gilydd.

Fe'i ganwyd yn 1854 ym Mhant-llwyd, stryd uwchlaw Llan Ffestiniog. John a Catherine Jones oedd ei rieni a John a roed yn enw ar y mab hefyd, pan anwyd hwnnw. Creigiwr yn Chwarel y Rhiw oedd y tad ond collodd ei fywyd pan syrthiodd dros y dyfn. Felly fe gollodd Jac ei gefn pan oedd yn ifanc iawn a bu raid iddo wynebu bywyd ar ei liwt ei hun, fwy neu lai. Prin oedd ei ddeall a phrin oedd ei allu; o ganlyniad, prin hefyd oedd yr enillion i'w fam ac yntau fyw arnyn nhw, ac yn sgil hynny, un eiddil o gorff fuodd o erioed. Serch hyn i gyd, fe dyfodd Jac Llan i fod yn un o gymeriadau mwyaf adnabyddus yr ardal.

Byddai bob amser yn gwisgo côt goch, ddydd gŵyl a gwaith – côt a fu rywdro'n rhan o lifrai rhyw fand neu'i gilydd. Ond nid y gôt ei hun a dynnai'r sylw mwyaf, ond yr holl fathodynnau a medalau oedd yn frith dros ei brest. Nid bod Jac yn 'malio beth oedd arwyddocâd y medalau hynny. Cyn belled â'u bod nhw'n sownd wrth ruban lliwgar, roedden nhw'n sicr o le anrhydeddus ar y gôt goch.

Rhan bwysig arall o lifrai Jac oedd ei het. Het bres loyw oedd hon a thuswn o blu gwyn ynghlwm wrthi. O bryd i'w gilydd byddai'n cymryd yr het ar ei lin, i dacluso mymryn arni trwy gyfnewid pob pluen ddi-raen am un fwy trwsiadus yr olwg. Byddai hwnnw'n gyfle hefyd iddo ddod â sglein yn ôl i'r het trwy ei rhwbio'n ddiwyd â Brasso.

Yn sownd wrth laped ei gôt, gerfydd tamaid o linyn, cariai ffliwt; câi hon ei gwthio i boced y frest pan nad oedd yn ei defnyddio. Cariai hefyd ddau bâr o glepars – math o gastanets Cymreig! – un pâr ymhob llaw, a'r rheiny wedi'u gwneud allan o asennau tarw neu eidion. A phan ddôi'r angen, o bryd i'w gilydd, am glepars newydd, ni châi Jac ei wrthod gan yr un cigydd byth, pan âi i ofyn am yr esgyrn angenrheidiol. Y cam nesaf, wedyn, oedd 'eu torri nhw i mewn', chwedl yntau – ac roedd hynny'n golygu eu defnyddio nes cael y sain briodol allan ohonyn nhw. Ond mae'n siŵr mai mater o aros oedd hi nes i'r esgyrn sychu digon i roi clec wag hyglyw wrth eu taro yn erbyn ei gilydd!

'Meistr pob gwaith yw ymarfer' meddai'r hen air, ac roedd Jac Llan yn brawf byw o'r gwirionedd hwnnw. Efallai mai un prin ei ddeall a chyfyng ei wybodaeth oedd o, ond doedd neb yn yr ardal hon nac mewn unrhyw ardal arall a ddeuai o fewn lled cae iddo am chwarae clepars. Byddai'n crwydro o bentref i bentref i 'gynnal consart', a lle bynnag yr âi, buan y byddai tyrfa'n casglu o'i gwmpas. Roedd ganddo gylchdaith eithaf eang ond Pant-llwyd yn Llan Stiniog oedd ei bencadlys, ac yno y dychwelai o bob crwydrad.

Ei arfer oedd anelu am sgwâr pob pentre, neu ryw groesffordd amlwg, a sefyll yno ar ganol y ffordd, yn holl ogoniant ei het loyw â'i phlu a'i gôt goch â'i medalau. Yna fe dynnai'r ffliwt o'i boced a rhoi un chwibaniad hir arni, i gyhoeddi i bawb fod Jac Llan wedi cyrraedd a'i fod ar fin 'rhoi consart'! Byddai hynny ynddo'i hun yn ddigon i yrru'r si ar led fod 'Jac Llan wedi cyrraedd' ac i ddenu pobl o'u tai, ac yn gylch o'i gwmpas. Yna, pan dybiai fod y gynulleidfa'n ddigon anrhydeddus o ran maint, fe ddechreuai berfformio'i amrywiaeth o ganu a dawnsio a chwibanu – ac o drin y clepars, wrth gwrs.

Roedd yn gwybod nifer o hen alawon a phenillion, ond ei ddwy ffefryn oedd 'Hen Brocer Bach Gloyw fy Nain' a

'The Man Who Broke the Bank at Monte Carlo'. Er mai'r ail un oedd ffefryn y dorf bob amser, doedd fawr o ystyr yn fersiwn Jac ohoni gan mai bach iawn o grap oedd ganddo ar y Saesneg a'i duedd oedd cyfansoddi wrth fynd ymlaen – a gorffen yn ddi-ffael efo'r geiriau 'Mwnci cythral Prins o Wêls'. Serch hynny, byddai'n sicr o encôr bob gafael.

Wedi mynd trwy'i bethau a rhoi ei 'gonsart', byddai wedyn yn tynnu'i het a chan fod yn hynod ofalus o'i blu, âi o gwmpas ei gynulleidfa gan ddisgwyl ceiniog neu ddimai o gyfraniad gan bob un ohonynt. Pe câi fwy, byddai'n gwirioni, ond chododd o erioed i safon y casgliad gwyn!

Y cam nesaf ar ôl pocedu'r arian a rhoi'r het yn ôl am ei ben oedd ymsythu fel milwr yng nghanol y cylch a throi i wynebu cyfeiriad ei her nesaf. Yna, wedi sioe o estyn ei glepars, fe godai ei ffliwt at ei geg a chwythu'n hir arni fel arwydd ei fod yn paratoi i adael. Rhoddai arwydd gorchestol wedyn i bawb symud o'i ffordd i roi llwybr clir iddo. Rhaid oedd i'r llwybr hwnnw fod yn berffaith glir o'i flaen neu byddai Jac yn gweiddi 'Hei! O'r ffor'!' hyd yn oed ar rywun oedd ganllath neu fwy oddi wrtho. Dim ond wedyn y câi'r ffliwt fynd yn ôl i'r boced, a Jac yn camu mlaen yn rhwysgfawr i gyfeiliant y clepars.

Ac felly yr âi o le i le, yn ennill ei damaid. Mae sôn iddo unwaith, pan oedd ar ei ffordd i Gaernarfon, gael cynnig pisyn tair gwyn gan wraig ym mhentref Rhyd Ddu, ac iddo'i hateb, 'Os nad ydi o o bwys gynnoch chi, musus, mi fasa'n well o lawar gin i gael brechdan gynnoch chi.'

Roedd digon o orymdeithiau yn Llan a'r Blaenau yn y dyddiau hynny – y Gymanfa Ganu, y Temlwyr Da, y Recabiaid ac eraill, ond ni chynhelid yr un orymdaith heb i Jac Llan fod yno ar y blaen yn ei holl rwysg. Un o'r troeon olaf iddo ymddangos yn gyhoeddus oedd pan aeth i 'gadw consart' ym Mhenmachno. Golygai hynny gerdded o'r Llan i fyny trwy Gwm Teigl am Chwarel y Graig Ddu, sef yr uchaf o chwareli Stiniog. Rywsut neu'i gilydd aeth y si ar led ei fod ar ei ffordd, ac erbyn iddo gyrraedd y bonc roedd cynulleidfa annisgwyl yn barod amdano. Doedd Jac ddim yn or-barod i 'berfformio' iddyn nhw, mae'n debyg, ond rhoddwyd pwysau gan amryw arno i ailfeddwl, tra oedd ambell un mwy herllyd yn tynnu arno trwy ymhél â'i blu ac â'i fedalau, a bygwth dwyn ei fedalau hyd yn oed. Felly, fe roddodd Jac Llan ei 'gonsart' a derbyn twr o geiniogau a dimeiau yn ei het am ei drafferth. Yr olwg olaf a gaed arno oedd yn dringo dros y Griblas a'r Graig Ddu i gyfeiriad Bwlch Carreg y Frân a Phenmachno.

Yn fuan wedyn, clywyd iddo gael ei gludo'n wael i'r wyrcws ym Mhenrhyndeudraeth, lle y bu farw o fewn chydig ddyddiau. Does wybod beth a ddaeth o'r het a'i phlu ac o'r gôt goch a'i medalau, na chwaith be fu hanes y ffliwt a'r clepars wedi i Jac ffarwelio â nhw. Byddai'r llu nefol wedi gwerthfawrogi 'consart' ganddo, rwy'n siŵr!

Robin Jolly
(Robert Griffith 1862–1928)

STEFFAN AB OWAIN

Un o Harlech yn enedigol oedd Robert Griffith, rwy'n credu, er mai yma yn y Blaenau y bu'n byw am y rhan fwyaf o'i oes. Yma hefyd – yn y chwarel, mae'n debyg – y cafodd ei lysenwi'n 'Robin Jolly'. Nid ei fod wedi gweithio rhyw lawer yn y chwarel, oherwydd fe gafodd ddamwain go ddrwg yno a bu'n rhaid iddo chwilio wedyn am ffyrdd eraill o ennill ei damaid.

Heb os nac oni bai, Robin Jolly oedd un o'r cymeriadau mwyaf digri a ffraeth a fu'n troedio'r ardal hon erioed, a chymaint oedd y sôn amdano wedi iddo fynd fel bod peryg i *bob* ffraethineb a stori ddoniol gael ei thadogi iddo! Ond mae'r canlynol yn wir bob gair.

Un diwrnod, tra oedd yn dal i weithio yn y chwarel, fe benderfynodd Robin ei fod yn haeddu gwell cyflog nag a gâi ac felly fe aeth i'r 'offis' i neud ei gais. Cerddodd i mewn i swyddfa'r rheolwr heb na chnoc ar y drws, sychu ei draed ar y mat na thynnu ei gap oddi ar ei ben. Edrychodd y rheolwr arno mewn syndod, ac yna gwylltio.

'Be wyt ti isio, Robat Griffith?' medda fo'n flin.

'Isio codiad yn fy nghyflog, syr,' meddai Robin yn ddiflewyn-ar-dafod.

'Codiad yn dy gyflog, wir! Nid fel 'na mae dod i mewn i weld rheolwr y chwaral. Rŵan, 'stedda di yn fy nghadair i wrth y ddesg ac mi ddangosa i iti sut mae dod i mewn. A chofia mai ti ydi'r rheolwr rŵan ac mai fi ydi'r un sy'n dod i ofyn am godiad cyflog. Iawn?'

'Iawn,' meddai Robin. Ac yna, pan glywodd y gnoc ar y drws, 'Dowch i mewn!' medda fo gydag awdurdod.

'Bore da, syr,' meddai'r rheolwr, gan sychu ei draed ar y mat a thynnu ei het.

'Bora da,' meddai Robin. 'Be ga i neud iti?'

'Wel, syr, meddwl tybed a fuasech chi mor garedig â rhoi codiad cyflog imi?'

'Hy!' meddai Robin. 'Codiad cyflog yn wir! Wyt ti'n meddwl fy mod i'n ddigon gwirion i godi cyflog dyn sy'n dŵad i'r gwaith yma i ddim byd ond eistedd ar ei din drwy'r dydd? Dim peryg yn y byd. Dos at dy waith. Ffwrdd â ti!'

Yn ôl pob sôn, ni allodd y rheolwr ymatal rhag chwerthin.

Bu cyfnod pan edrychid i lawr ar lawer o labrwyr ein chwareli. Gweithiai llawer ohonynt dan 'gontractors', yn ôl y term ar y ponciau gynt. Bu Robin Jolly am gyfnod wrth y gwaith o 'ganlyn ceffyl', a daeth y ddau – y dyn a'r anifail – i ddeall ei gilydd yn fuan iawn. Eu gwaith oedd tynnu wageni yn llawn rwbel. Un amser cinio, pan oedd Robin yn bwydo'r ceffyl, daeth y rheolwr i'r stabal a gofyn iddo yn ddigon cwta, 'Sut fath o fwyd wyt ti'n ei roi i'r ceffyl 'na, Bob?'

Daeth yr ateb mewn chwinciad, 'Tebyg i fwyd labrwr, syr.'

Dro arall, gofynnodd cyfaill iddo, 'Faint ydi dy oed ti, Bob?'

'Faint faset ti'n feddwl?' meddai Robin Jolly yn ôl.

'Dwn i ddim,' meddai'r cyfaill, 'ond mi dybiwn dy fod ti'n bur hen.'

'Sut felly?' holodd Robin.

'On' tydi dy wallt di'n wyn!' meddai'r cyfaill, er mwyn profi ei bwynt.

'Twt, twt! Dydi hynna'n profi dim,' meddai Bob. 'Weli di'r oen bach draw yn fan'cw? Wel, ma' hwnna'n glaer wyn, a dim ond ddoe y ganwyd o!'

Un tro roedd o'n hwylio berfa ar hyd Stryd Fawr y Blaenau a sachaid o sment mewn bocs go fawr ynddi. Wrth fynd heibio drws un o'r siopau, gofynnwyd iddo gan siopwr oedd yn rhoi ei hun yn o bwysig, 'Ai mwnci sy gen ti yn y bocs 'na, Bob?'

'Ia,' meddai Robin ar ei union. 'Neidiwch i mewn! Mae 'na le i ddau!'

'Be ti'n feddwl o'r streips dwi wedi'u cael, Robin?' gofynnodd y sarjant lleol iddo un diwrnod.

'Am be cefaist ti nhw?' gofynnodd Robin.

'Wel, ddim am *ddiogi* yn reit siŵr,' meddai'r rhingyll – gan awgrymu'n gynnil, mae'n debyg, nad oedd Robin yn lladd ei hun â gwaith. Prin y cafodd orffen ei eiriau coeglyd nad oedd wedi cael ateb ffraeth yn ôl, 'Naddo, dwi'n gwbod, neu mi fyddat ti fel sebra erbyn rŵan.'

Bu Robin yn gweithio ar y ffordd fawr am gyfnod, yn malu cerrig ac ati i drwsio'r ffordd. Un tro, daeth swyddog blin draw ato a chyfarth yn anghynnes, 'Ara deg iawn y mae'r morthwyl 'na yn mynd i fyny gen ti, Bob.'

'Hitiwch befo!' meddai Robin. 'Wrth ddod i lawr mae o'n malu.'

Roedd ganddo gryn feddwl o'i fam, a bu'n garedig iawn tuag ati dros y blynyddoedd. Oherwydd ei bod hi'n diodde'n ddrwg o gryd cymalau ni allai'r hen wraig ddefnyddio'r grisiau'n hawdd iawn, ac felly fe ddoed â'i gwely i lawr o'r llofft i'r stafell fyw. Ond roedd y stafell honno'n diodde mwg taro'n aml ac fe gaed adeiladydd yno i wella'r sefyllfa. Mynd yn seithwaith gwaeth wnaeth pethau wedyn. Ymhen rhyw bythefnos, daeth Robin a'r adeiladydd wyneb yn wyneb â'i gilydd ar y Stryd Fawr, a gofynnodd hwnnw iddo, 'Sut mae'r hen wraig dy fam rŵan, Bob?'

'A deud y gwir wrthot ti, dydw i ddim wedi gweld ei hwyneb annwyl hi ar ôl i ti fod acw'n trwsio'r corn!' meddai Robin mewn fflach.

Un dydd Iau, ac yntau'n cicio'i sodlau yn niffyg

rhywbeth gwell i'w neud, fe benderfynodd droi i mewn i'r llys barn yn y Blaenau i wrando ar achosion yn cael eu trafod yno. Pan oedd o bron â chyrraedd drws yr adeilad, cyfarfu â dyn dieithr ar ei ffordd i mewn i'r lle. 'Sumâi?' gofynnodd Robin iddo. 'Be wyt ti'n neud yma?'

'Dwi o flaen fy ngwell am dorri i mewn i dŷ rhyw bobol fawr,' meddai hwnnw'n ddigalon. 'A pham wyt ti yma?'

Edrychodd Robin ym myw ei lygaid ac ateb mewn llais cwbl ddifrifol, 'Am fwrdro tri o bobol.'

Yn ôl pob sôn, bu bron i'r dyn gael ffatan!

Wrth ddod adref o angladd un tro, ac yntau'n cydgerdded ag eraill o'r galarwyr, trodd un o'r dynion at Robin a deud, 'Un sâl am gladdu ydi dy weinidog di, Bob.' Fe ddaeth yr ateb mewn fflach, 'Glywist ti sôn am unrhyw un sydd wedi codi ar ei ôl o?'

'Mae hi'n dymhestlog iawn heddiw, Bob,' meddai ei weinidog wrtho un diwrnod.

'Ydi wir, Mr Jones,' meddai Robin, ac ychwanegu, 'Glaw gwlyb iawn ydi hwn.'

''Welaist ti law heb fod yn wlyb rywdro, Bob?' gofynnodd y gweinidog.

'Naddo, ond mi glywis rywun yn deud ryw dro iddi fwrw tân a brwmstan yn rhywle neu'i gilydd.'

Dro arall, cydgerddai Robin a'r gweinidog i'r oedfa fore Sul, a gofynnodd Robin iddo beth oedd testun ei bregeth yn mynd i fod y bore hwnnw.

'Y proffwyd Jeremeia,' meddai'r gweinidog.

'On'd ydan ni wedi clywed hanes hwnnw gennych chi o'r blaen,' meddai Robin, ac ychwanegu, 'Oes dim posib cael hanes ei wraig a'i blant ganddoch chi'r tro yma?'

Yna, un prynhawn oer o aeaf a'r eira'n drwch ar y ddaear,

cydgerddai Robin i lawr y Stryd Fawr gydag un arall o weinidogion yr ardal. Trodd hwnnw ato a gofyn yn ddigon diffuant, 'Pam bod yr eira'n wyn, Bob?'

'Be dach chi'n ddisgwyl? Dŵad o le glân mae o'n de?' oedd yr ateb parod.

Clywais rai o'r to hŷn yn dweud fel y byddai Robin Jolly weithiau'n mynychu'r ysgol Sul, a pha mor llip ei dafod roedd o'n gallu bod yno. Pwnc y drafodaeth un prynhawn oedd 'Arwydd a Rhyfeddod'.

'Robat Griffith,' meddai'r athro, 'fedrwch chi ddweud y gwahaniaeth rhwng arwydd a rhyfeddod?

'Medraf,' atebodd Robin ar ei union. 'Mae 'na siop barbar ar y stryd a pholyn hir o'i blaen hi, on'd oes? Wel, dyna arwydd bod yno farbar. Ond petaech chi'n gweld y barbar ar ben y polyn, yna dyna ichi ryfeddod.'

Ar Sul arall, roedd y dosbarth yn trin a thrafod y gair 'cyfrifoldeb', gyda'r athro yn holi pob un am ei farn. Daeth tro Robin. 'Wyt ti'n gwybod be di ystyr "cyfrifoldeb", Bob?'

'Ydw'n iawn!' atebodd yntau. 'Mae gen i drowsus amdanaf a bresus yn ei ddal i fyny. Ar y tu cefn iddo mae'r bresus yn sownd mewn dau fotwm. Deudwch chi, rŵan, fy mod i'n colli un o'r botymau, meddyliwch y cyfrifoldeb fasa ar y llall wedyn!'

Dyma oedd gan y bardd Robert John Roberts (Bob John, Tanrallt), a adwaenai Robin Jolly cystal â neb, i'w ddweud amdano:

> Hen gymeriad dibriod oedd Robin, a hogyn ei fam a fu gydol ei oes. Arbedwyd hi iddo hyd nes y gwelodd yntau gwrs o oedran, ond bu colli ei fam yn golli'r cwbl i Robin ac o hynny ymlaen ciliodd y wên a'r hwyl a'r campau diniwed, ac ni bu yntau'n hir cyn 'mynd adref at Mam', chwedl yntau.

Bu farw yn Llys Ednyfed, Penrhyndeudraeth, ym mis Ionawr 1928, a chyfansoddodd Ioan Brothen yr englynion canlynol ar ei ôl:

BOB

Am roi Bob yn rhwymau'r bedd, – y syniad
    Sy inni'n dra rhyfedd:
Llonni gwlad yn well na gwledd
Wnâi Robin a'i arabedd.

Aeth Ionawr a'i ffraethineb – i fro fud,
    Ddifrif oer marwoldeb;
Y dyn hoff (ni wadai neb)
Oedd â'i eiriau'n ddihareb.

Yn rhyfedd iawn, clywais fam ifanc yn dweud wrth ei hogyn bach yn ddiweddar, pan oedd hwnnw'n holi a stilio am rywbeth neu'i gilydd – 'Paid a holi, Robin Jolly!' Mae'n amlwg felly fod enw Robin yn dal i fod ar dafod pobl y fro hyd heddiw.

Now 'r Allt

EMRYS EVANS

Owen Jones, yn syml a dirodres a digwafars, oedd ei enw bedydd. A derbyn, wrth gwrs, iddo gael ei fedyddio o gwbwl! Ond p'un a gafodd ddŵr ar ei dalcen ai peidio, fe gafodd 'fedydd potsiar' yn gynnar iawn yn ei fywyd, beth bynnag, a hynny yn afon Dwyryd a lifai o fewn canllath neu ddau i'w gartre yn yr Allt.

Rhes o bedwar tŷ wrth droed pwt o glogwyn yn y Ceunant Sych ym mhen uchaf dyffryn Maentwrog oedd yr Allt yn y dyddiau hynny, ond mae'r tai wedi dadfeilio'n raddol dros dri chwarter canrif, a bellach mae coed a thyfiant gwyllt yn datgymalu'r muriau ac yn ailfeddiannu'r lle.

Roedd i Dafydd 'Rallt, tad Now, hefyd y gair o fod yn botsiar pur ddeheuig a thra llwyddiannus ar osgoi cael ei lusgo o flaen ei well. Yn wir, roedd yn gymaint o ddraenen yn ystlys y ciperiaid am na allent ei ddal 'wrth y gwaith' fel eu bod wedi mynd yn unswydd at ŵr y Plas i ddwyn perswâd arno i sicrhau nad fyddai'r un chwarel yn y cylch yn cyflogi'r troseddwr. Golygodd hynny gyfnod go fain ar y teulu ond cafodd Dafydd ychydig o waith fel 'handiman' yng ngwesty'r North Western yn y Blaenau, neu'r Ring Newydd fel yr adwaenid y lle gan bawb. Ac os nad oedd y gyflogaeth ran-amserol honno'n ddigon i gadw'r blaidd o'r drws, roedd bob amser swlltyn neu ddau i'w wneud trwy werthu eog neu sewin.

Fel ei dad, wrth enw ei gartre yr adwaenid Owen yntau – 'Now'r Allt' oedd o i bawb. A chyw o frid oedd o hefyd, wedi'i hyfforddi'n gynnar iawn yn y grefft o 'ddenu o'r dŵr'. Ond rhyw fywyd di-sut oedd yn ei aros; rhyw fyw o'r llaw i'r genau a heb ymorol y nesaf peth i ddim am yfory:

> Gŵr unig, garw ei anian, – yn Ismael
>   Anesmwyth heb drigfan;

meddai Iestyn, Maentwrog, mewn englyn iddo.

Bob hyn a hyn byddai'n mentro diwrnod neu hanner diwrnod o waith ar un o ffermydd y fro ond cyn gynted ag y byddai wedi ennill swllt neu ddau (ac efallai ychwanegu swlltyn arall atynt trwy werthu pysgodyn go lew), yna fe âi ar y sbri a gwario'r cwbl yn nhafarnau'r dref, gan fynd dros ben llestri'n aml. Roedd yn dipyn haws ei ddal yn feddw nag yn potsio!

Dyma sut y mae papur lleol *Y Rhedegydd* yn cofnodi un hanes am Now ym mis Mai 1897:

Ymosod ar Heddwas yn Ffestiniog

Yr heddgeidwad John Hughes, Congl-y-wal, a gyhuddodd Owen Jones (Now'r Allt) o fod yn feddw ac afreolus nos Sadwrn, i lawr y Ffordd Newydd. Cwynid fod ar bawb ei ofn. Aeth y Swyddog i lawr ato a'r tro hwn yr oedd yn cysgu. Ar ôl iddo dynnu ymaith ei gôt i ymladd, deffrodd ef gan ofyn iddo fynd ymaith. Cododd i fyny, a phan oedd y Swyddog yn cau ei ddillad, y mae y carcharor yn rhuthro i'w wddf i geisio ei dagu, a'i daro hefyd yn ei wyneb nes gwaedu. Yn ddilynol, cymerodd y Swyddog ef i'r ddalfa. Anfonwyd ef i garchar am 14 diwrnod, ac am fis am daro y Swyddog.

Ar adegau eraill fe'i ceid yn gwneud pethau digon digrif o dan ddylanwad y John Heidden, megis y tro hwnnw pan oedd ar ei ffordd adref i'r Allt a gweld fod golau yn dal ymlaen yn Siop Margiad Elis yn y Manod. Bryd hynny, doedd hi ddim yn anarferol i siopau fod ar agor yn hwyr i'r nos yn y gobaith o ychwanegu ceiniog neu ddwy at enillion prin y dydd. Am fod ei gylla'n wag a than effaith sawl peint o gwrw, dyma Now i mewn i'r siop ar ei hyll, a Margiad Elis yn dod drwodd o'r gegin i'w gyfarfod.

'A be sgin ti isio'r adag yma o'r nos?' meddai hi'n ddiamynedd pan welodd pwy oedd yno a beth oedd ei gyflwr.

'Tyd mi . . . tyd mi ddau o'r penwaig 'ma gin ti,' meddai Now, a'i dafod yn dew.

'Be sgin ti i'w dal nhw?' holodd hithau'n siarp.

Roedd yn arferiad i gwsmer ddod â'i ddesgl efo fo i nôl peth felly ond doedd gan Now, wrth gwrs, yr un dim at y pwrpas. A doedd Margiad Elis ddim am roi benthyg llestr iddo gan y gwyddai na châi byth mohono'n ôl. Felly, ar ôl edrych o'i gwmpas yn ofer, dyma Now yn lledu ceg poced ei gôt ac yn gorchymyn yn fyngus, 'Rho nhw i mewn yn fama!' Gydag edrychiad dirmygus ac ochenaid hyglyw, cododd Margiad Elis ddau benogyn ar lwy o'r badell bridd a'u gwagio i boced Now.

'Dyna chdi!' meddai hi'n swta, gan ddal ei llaw allan am dâl. Ond daliai Now i syllu ar badell y pennog am yn ail â'i boced agored.

'Tyd mi . . . tyd mi . . . dipyn o'r grefi 'na hefyd,' meddai.

Ni wnaeth Margiad Elis ond rhythu arno am eiliad neu ddwy; yna, gan frathu'i thafod, cododd dair neu bedair llwyaid o'r gwlybaniaeth aroglus a'u tywallt i boced Now'r

Allt. Wedi talu am y wledd, anelodd Now ei gamau i lawr am y Ceunant Sych – nid am yr Allt, oherwydd doedd hwnnw ddim yn gartre iddo mwyach, ond am ryw feudy neu dŷ gwair hwylus lle câi lonydd i fwynhau ei swper hwyrol.

Yn feddyg yng nghylch Stiniog yng nghyfnod Now'r Allt yr oedd Doctor Robert Roberts, neu 'Isallt' i roi iddo'i enw barddol. Roedd 'yr Hen Ddoctor' fel y cyfeirid yn annwyl ato gan bawb bron, yn ŵr uchel ei safle yn y gymdeithas, ac yn gweithredu ar bob corff a phwyllgor o bwys, megis y Bwrdd Iechyd, Mainc yr Ynadon ac yn y blaen. Ef hefyd oedd un o'r tri a sefydlodd Gymdeithas Enweiriol y Cambrian (cymdeithas i bysgotwyr yr ardal) yn 1885, a dod yn gadeirydd arni weddill ei oes. A chyda llaw, mae'r gymdeithas honno wedi ffynnu byth oddi ar hynny.

Yr hyn sy'n rhyfedd yw fod yr Hen Ddoctor a Now'r Allt yn ymwneud cryn dipyn â'i gilydd, er eu bod yn nau begwn eithaf y gymdeithas. Roedd yr Hen Ddoctor yn bysgotwr brwdfrydig iawn ac yn berchen ar yr offer gorau y gellid ei brynu. Ond doedd o ddim yn bencampwr o bell ffordd ar y grefft o roi'r bluen ar y dŵr, ac oherwydd hynny ni châi fawr o hwyl ar ddal. A deud y gwir plaen, roedd o'n anobeithiol – fel y cadarnhawyd mewn darlith rywdro gan Hugh Lloyd, llyfrgellydd y dre a thad y bardd O. M. Lloyd. Sôn yr oedd Huw Lloyd am y rhai a fyddai'n arfer pysgota Llyn Manod erstalwm ac am y llwyddiant a gaent, cyn gorffen efo'r frawddeg: 'A Doctor Roberts (Isallt) byth yn dal yr un!'

Roedd y diffyg dal hwn yn poeni'r Hen Ddoctor yn arw. Daeth i ben ei dennyn yn y diwedd a phenderfynodd fynd i geg y ffynnon am gyngor; fe gâi Now'r Allt ei hyfforddi yn y grefft o 'ddenu o'r dŵr'.

Felly, un pnawn dyna'r athro yn arwain ei ddisgybl anobeithiol at un o'r pyllau gorau ar un o'r afonydd gorau yn yr ardal, a rhoi cyfarwyddyd iddo daflu ei bluen i'r dŵr a'i thynnu'n araf wedyn tuag ato. Ond yn hytrach na glanio'n ysgafn ar wyneb y dŵr, roedd pluen yr Hen Ddoctor yn disgyn yn glewt swnllyd. Digwyddodd hynny dro ar ôl tro a Now yn gweiddi'n ddiamynedd, 'Arglwydd mawr! Ysgafnach, ddyn!'

Ymhen hir a hwyr, pallodd amynedd Now. 'Tyd â'r enwair 'na i mi,' meddai a'i chipio hi o law yr Hen Ddoctor. 'Doctor Robas sy 'ma!' meddai wrth y pysgod, a thaflu'r bluen i'r dŵr yn null y doctor ei hun. Gwnaeth hynny dair a phedair gwaith heb lwyddiant. 'Now'r Allt sy 'ma rŵan,' meddai wedyn a pheri i'r bluen lanio fel pry ar wyneb y pwll. Rhuthrodd pysgodyn iddi'n syth ac ymhen dim roedd yn swalpio ar y dorlan wrth eu traed!

Cyn y wers nesaf, aeth Now ar ymweliad ag un o laddai'r dre a chael pen dafad newydd ei lladd. Aeth â'r pen i'w hongian oddi ar gangen uwchben un arall o'r pyllau, a'i adael yno nes iddo gynrhoni ac i'r cynrhon ddechrau disgyn i'r dŵr. Roedd fel manna o'r nefoedd, wrth gwrs, i holl bysgod y pwll, ac yno roedden nhw wedyn yn aros i gael eu bwydo. Y cam nesaf fu mynd â'r Hen Ddoctor yno, a pheri iddo daflu ei bluen, a gadael iddi gael ei chario gan y dŵr o dan y gangen. Gyda'i dafliad cyntaf, roedd yn sownd mewn sgodyn nobl. Cafodd sawl llwyddiant y diwrnod hwnnw, mae'n debyg, ac fe aeth adre'n ddyn hapus iawn, gyda'i gawell yn llawn. Fe gafodd ei blesio gymaint, yn ôl pob sôn, fel ei fod wedi gwthio hanner sofren felen i law barod ei hyfforddwr. Fu Now erioed mor gyfoethog!

Doedd wybod pa amser o'r dydd na'r nos y deuai rhywun ar draws Now'r Allt. Roedd dau gyfaill un tro yn cerdded ar hen ffordd Dôl y Moch, sy'n cydredeg am sbel gyda glan afon Dwyryd yn nyffryn Maentwrog. Pwy welen nhw'n cerdded y clawdd llanw ond pen ciper stad Tan-y-bwlch efo'i wn o dan ei gesail, a buwyd yn sgwrsio ag ef am sbel. Wedi i'r ciper fynd ar ei hynt, a'r ddau gyfaill yn dal i sefyllian yno'n siarad, pwy welen nhw'n ymddangos o gysgod y dorlan ond Now'r Allt efo eog gloyw yn ei hafflau. Ni chymerodd sylw ohonyn nhw, dim ond croesi'n llechwraidd am Goed y Dduallt ac anelu am adre.

Diwedd trist fu i Now. Ar y pedwerydd ar ddeg o Fawrth 1924 aeth beudy a thŷ gwair fferm Cymerau Isaf ar dân, a chafodd pedair o wartheg eu difa gan y mwg a'r fflamau. Ond daethpwyd o hyd i gorff dynol yno hefyd, a Now'r Allt oedd y truan hwnnw a'i getyn clai yn dal yn ei ddwrn du. Ac yntau'n feddw, mae'n debyg iddo wneud gwely iddo'i hun yng ngwair y sgubor a phenderfynu cael mygyn cyn mynd i gysgu. Honno oedd ei smôc olaf!

Fe aeth y bardd Glyn Myfyr i weld y corff 'yn y *mortuary* ym mynwent Bethesda' (hynny yw, y fynwent tu cefn i Gapel Bethesda yn nhre'r Blaenau). 'Bûm yn ei weled yno,' meddai yn ei atgofion yn *Y Rhedegydd*, 'ac yr oedd yr olwg arno yn dorcalonnus i'r eithaf. Nid oedd onid gŵr canol oed pan gauodd y bedd arno . . . '

Fel y gellid disgwyl, gwnaed casgliad yn lleol i ddigolledu ffarmwr Cymerau Isaf ac aeth rhai o feirdd yr ardal ati i lunio'u teyrngedau i Now'r Allt. Gwilym

Deudraeth oedd un o'r rheiny, a dyma ddau englyn yn unig o'r un ar ddeg a luniodd ar y pryd:

> Roedd Now'r Allt yn dallt y dŵr, – iddo swyn
> Oedd ei su a'i ddwndwr;
> Rhed y Ddwyryd ddi-arwr
> Yn afon syn, 'rwyf yn siŵr.

> Noddfa ydoedd ei feudy – iddo ef
> Ddiofal ei lety;
> Ar fin dŵr i'r heliwr hy',
> Pa hwylustod f'ai plasty?

A dyma orffen trwy ychwanegu esgyll at baladr yr englyn gan Iestyn, y postmon o Faentwrog, a ddyfynnais eisoes yn y bennod hon – gyda'i llinell olaf anfarwol!

> Gŵr unig, garw ei anian, – yn Ismael
> Anesmwyth heb drigfan,
> A bywiog wylliad buan –
> Anrheithiwr dŵr aeth ar dân.

Pererin

EMRYS EVANS

*Pererin hefo Mrs Whittaker,
un o berchnogion Chwarel y Graig Ddu.*

Pe bai Robat Jôs heb gyfarfod â damwain mor ddifrifol wrth ei waith fel creigiwr yn Chwarel y Graig Ddu ym mhen gogleddol y Manod Mawr, yna go brin y byddwn i'n trafferthu i'w ddwyn i gof rŵan. Wedi'r cyfan, mae sawl Robat Jôs Creigiwr arall yn gorwedd yn ddisylw yn y fynwent leol. Ond fe roddodd y ddamwain hynodrwydd i'r Robat Jôs hwn, a'i wneud yn gymeriad a haedda'i gofio.

Yn wahanol i bob chwarel arall yn y cylch, chwarel awyr agored oedd un y Graig Ddu, a byddai Robat Jôs wrthi ym mhob tywydd ar wyneb y clogwyn yn paratoi'r graig ar gyfer ei ffrwydro. Ar ôl gyrru twll yn ddwfn i'r graig gyda jympar [erfyn i dyllu'r llechfaen, at ffrwydro'r graig], neu gydag ebill a morthwyl, y cam nesaf oedd gwasgu powdr du i mewn iddo a gosod capsan mewn pelan i'w danio. Un o beryglon y gorchwyl hwnnw oedd y byddai'r twll yn tanio cyn pryd, a hynny yn wyneb y creigiwr, ac yn amlach na pheidio yn ei ladd. Yr hyn a ddigwyddodd i Robat Jôs, fodd bynnag, oedd i'r gapsan, rywsut neu'i gilydd, ffrwydro yn ei ddwylo gan fynd â'i law chwith a'i fraich hyd at y penelin i ffwrdd yn llwyr, yn ogystal â rhan sylweddol o'i law dde, yn cynnwys dau o'r bysedd. Daeth ei ddyddiau creigio i ben yn y fan a'r lle.

Wedi iddo dod dros y ddamwain ac i'r briwiau groeni, mentrodd yn ei ôl am y chwarel. Yno, gwnaeth y saer stwmpyn o bren i ffitio am y fraich ddrylliedig a saernïodd y gof fachyn haearn i'w osod ynghlwm wrth hwnnw. Yna rhoddwyd ef i weithio wrth droed yr Inclên Fawr ar Bonc Dŵr Oer, i ddadfachu'r sledi llawn a gâi eu criwlio [rheoli rhediad y wageni ar yr inclên] i lawr o'r Graig Ddu, a bachu wageni gwag i gymryd eu lle. Yna byddai'n mynd â'r sledi llawn i'r felin, i'r cerrig gael eu llifio a'u hollti, a'u naddu'n llechi parod. Câi'r rheiny, ymhen amser, eu llwytho ar wageni i'w criwlio i lawr inclên hir arall, sef Inclên Dŵr Oer, i'r cei yng Nglan-y-gors. Cyfrifoldeb Robat Jones oedd hynny hefyd, ac roedd cystal giamstar arni â phe bai'n gyflawn o fodiau a bysedd, ac fe lifai'r traffig mor llyfn a di-fwlch ag erioed. Gofalai'n ddi-feth fod dwy neu dair o sledi gwag wedi'u bachu yn rhaff yr inclên ar gyfer eu criwlio, a byddai'n crwydro'r bonc i gywain pob sled gynted ag y tynnid y llwyth oddi arni, cyn ei gwthio i'r 'pàs-bei' (i'r ochrau) fel bod ganddo rai wrth gefn bob amser.

A dyna sut yr aeth Robat Jôs Creigiwr yn Robat Jôs Bachwr!

Gwaith digon trwm i rywun cymedrol o gorff fel fo oedd gwthio wageni llawn yn ôl a blaen, a gorfod ymgodymu â'r holl droellau a chroesffyrdd, y platiau a'r tryfrith bariau oedd gan y bonc i'w cynnig. Hunan-barch, yn fwy na dim arall, a barai fod y gorchwyl hwnnw'n cael ei gyflawni'n drylwyr ganddo, a hynny er gwaethaf ei anabledd.

Ond bu i'r ddamwain effeithio mwy ar Robat Jôs na dim ond rhwygo darnau ohono ymaith. Fel y gellid disgwyl, gwelwyd newid yn ei gymeriad, yn ei ymateb i'w gyd-weithwyr, yn ei holl ymarweddiad. I ŵr cydnerth oedd wedi arfer â thrin jympar ac ebill, a thynnu plygion mawr o'r graig i'w llwytho â chraen a chwplws [cadwen gref], bu colli'r dwylo medrus yn ergyd galed a chreulon, ac yn un a'i gyrrai'n aml yn y dyddiau cynnar i blwc o ddigalondid. Bryd hynny, anodd i'w gyd-weithwyr oedd gwybod sut roedd y gwynt yn chwythu, a sylweddolwyd yn fuan fod cynnig help llaw efo llwyth go drwm yn gallu tramgwyddo a throi'r drol yn hawdd iawn. Mynnai wneud y cwbl ei hun ac o dipyn i beth, trwy sylwi a nodi, a thrwy sgìl a sgiam, daeth i ddeall pob modfedd o ddirgelion y bonc. Pechod o'r mwyaf, wedyn, oedd cynnig help llaw; byddai'n gwylltio nes bod dim ond gwyn ei lygaid yn y golwg. Iddo fo, roedd cynnig o'r fath yn gyfystyr ag awgrymu nad oedd o'n ddigon tebol i neud y gwaith.

Do, fe barodd balchder yr Hen Fachwr iddo sathru corn sawl Samariad parod. Ond rhaid ceisio deall y balchder hwnnw. Cyn y ddamwain, roedd Robat Jôs yn ŵr wrth grefft. Roedd i bob creigiwr medrus safle a statws ymysg ei gyd-weithwyr. Roedd yn frenin ar ei 'fargen' ei hun. Ond bachwr wageni oedd o bellach, ac yn ei olwg o doedd hynny'n ddim gwell na labrwr cyffredin.

Mae pwysleisio hyn yn taflu rhywfaint o oleuni ar ddull yr Hen Fachwr o gyfarch ei gyd-weithwyr. 'Pererin' oedd pawb ganddo bellach, beth bynnag eu hoed. Ei fwriad oedd atgoffa'i gyd-weithwyr am yr emyn 'Pererin wyf mewn anial dir . . .', i'w rhybuddio na wyddai'r un ohonynt hwythau chwaith beth oedd yn eu haros ar daith bywyd. Ond arno ef ei hun y glynodd y llysenw 'Pererin', wrth gwrs!

Creodd ei anabledd ryw benderfyniad ynddo i 'brofi'i hun' mewn ffyrdd eraill hefyd. Dyma gyfnod pan oedd mynd ar grefydd a chapel, ar ddiwinydda ac ysgrythura – cyfnod pan oedd llawer yn olau iawn yn eu Beibl ac yn medru dyfynnu rhibidirês o adnodau, gan nodi rhif pob pennod ac adnod. Ar nos Sul, wedi oedfa'r hwyr a bwyta ei swper, treuliai Pererin ei amser yn byseddu trwy ei Feibl yn chwilio am yr adnod fwyaf dieithr ac anhysbys y gallai gael gafael arni – adnod na chlywid byth mo'i darllen na'i dyfynnu. Byddai'n rhoi'r adnod honno wedyn ar ei gof, yn ogystal â'i hunion leoliad yn y Llyfr Mawr. Yna, fore Llun, wrth grwydro o gwmpas y bonc a'r melinau, byddai'n cornelu, o un i un, y rhai a arferai ymffrostio yn eu gwybodaeth o'r Beibl, ac yn eu herio i ddweud wrtho union darddiad yr adnod! Wedyn, yn fodlon ei fyd ac yn ysgafn ei fron, fe enciliai i'w gwt crawiau tywyll, yn hapus ei fod wedi dangos iddynt eu maint a'u lled.

Heblaw gofalu am draffig yr Inclên Fawr, roedd Pererin hefyd yn gyfrifol am gymwynas arbennig i'w gydweithwyr. Bryd hynny, teithiai'r rheiny i lawr o'u gwaith bob dydd ar gerbyd bychan o bren a haearn a elwid yn 'gar gwyllt'. Roedd pob chwarelwr yn berchen ar ei 'gar' ei hun ac, o'i ddefnyddio, fe gâi arbed cerdded milltir a mwy o ben y Graig Ddu i lawr i'r cei yng Nglan-y-gors. Fe daflai'r gweithiwr ei 'gar' i un o'r wageni gwag yn fan'no i gael ei griwlio i fyny'n ôl drannoeth. A phwy oedd un o'r criwlwyr? Wel, Pererin, wrth gwrs!

Rhes o chwarelwyr yn dod i lawr inclên Glan-y-gors ar ddiwedd diwrnod o waith yn Chwarel y Graig Ddu – pob un ar ei 'gar gwyllt' ei hun.

Byddai tipyn o fusnes yn mynd ymlaen ynglŷn â chriwlio'r ceir gwyllt. Doedd a wnelo cwmni'r chwarel yr un dim â'r trefniant hwn. Caniateid defnyddio'r 'ceir' ar yr inclenau ond rhywbeth rhwng y gweithwyr a'r criwlwyr oedd y cytundeb ar gludo'r ceir yn ôl i'r chwarel at drannoeth, a chodid chwe cheiniog y mis am y gwasanaeth hwnnw. Casglwr a thrysorydd y gronfa hon oedd Pererin. Fu erioed drysorydd mwy diwyd a chydwybodol. Er bod ugeiniau o geir gwyllt, adwaenai Pererin berchennog pob un ohonynt, ac os gwrthodai ambell un â thalu, neu geisio sleifio heibio rhag talu'r doll ar ddiwedd mis, byddai ei gar gwyllt wedi ei dynnu o'r llwyth erbyn trannoeth, a'i daflu o'r neilltu, fel bod ei berchennog yn gorfod cerdded yr holl ffordd i lawr yr inclenau ar derfyn ei ddiwrnod o waith caled.

Ar 'Nos Wener Tâl', ddiwedd mis, pan delid i'r dynion eu cyflogau yng nghei Glan-y-gors, byddai Pererin yn sefyll yn yr adwy gan ddarn gau honno fel na allai ond un dyn ar y tro fynd trwyddi. Ar draws ei frest, daliai ei fraich chwith efo'r astell o bren a'r bachyn ynghlwm wrthi. Ar yr astell byddai ganddo res o ddarnau arian gleision, yn hanner coronau, yn ddeusylltau a chwe cheiniogau, rhag i neb wneud esgus o fod heb newid i dalu'r doll. Byddai'r ceiniogau a'r dimeiau a'r arian gleision yn cael aros ar yr astell yng ngolwg pawb, ond byddai pob sofren a hanner sofren yn diflannu i ddiogelwch poced ei gôt!

Efo'r holl ugeiniau a weithiai yn Chwarel y Graig Ddu, gallwch ddychmygu'r miri oedd yno – pawb yn awyddus i droi tua thre ond yn gorfod aros eu tro i'r trysorydd wrth y giât. Wrth gwrs, byddai ambell wàg yn llwyddo i wthio heibio heb dalu ond roedd Pererin yn nabod yr adar hynny'n bur dda. 'Dwi'n dy farcio di!' fyddai ei gri ar eu holau. 'Dwyt ti ddim wedi talu!' Ac os nad oedd hynny'n ddigon i droi'r rhai euog yn ôl, yna fyddai ganddynt ddim dewis ond cerdded adref o'u gwaith ar y Llun canlynol, a phob diwrnod arall hefyd hyd y câi'r ddyled ei thalu.

Trwy dorri crib ambell arch-ysgrythurwr ar fore Llun, goresgyn problemau ei anabledd wrth ei waith fel bachwr gydol yr wythnos, a chasglu toll y ceir gwyllt ar ddiwedd mis, fe gredai'r hen Bererin ei fod bellach wedi adennill ei statws a'i urddas ymysg ei gyd-weithwyr. I danlinellu'r ffaith honno, ni fyddai'n gwisgo ar ei ben – boed haf neu aeaf, hindda neu ddrycin – ddim byth ond het galed ddu, het bowlar!

Wedi'r cyfan, yn y dyddiau hynny yn y chwarel, dim ond y bargeinwyr – sef y crefftwyr – a wisgai beth felly!

Robin Llanddog

EMRYS EVANS

Dyn canolig o daldra a heb lawer o gnawd ar esgyrn oedd Robin Llanddog – yn dywyll o ran pryd a gwedd, a'i wallt du a'i fwstás yn ddi-raen yr olwg. Prin y byddai'n gweld angen i eillio'i gernau o'r naill wythnos i'r llall.

Dim ond mewn un chwarel y gweithiodd gydol ei oes, hyd y gwn i, a Chwarel y Graig Ddu ym mhen gogleddol y Manod Mawr oedd honno. A chan iddo weithio ymhell dros oed yr addewid, yna mae'n rhaid ei fod wedi dringo'r un inclenau a throedio'r un bonc yn Chwarel Graig Ddu am dros drigain mlynedd.

Llwythwr a chriwliwr oedd Robin wrth ei waith bob dydd (fel Pererin!) – llwytho'r llechi gorffenedig yn y wageni bychain. Ond yn wahanol i Pererin, criwlio'r rheiny wedyn i lawr i'r cei i gael eu cludo ar y trên bach i lawr i Borthmadog, i'w trosglwyddo i'r llongau yn fan'no, y byddai Llanddog.

Anaml y gelwid ef wrth ei enw bedydd, Robert Jones; dim ond Edward Edwards y gof, un o'i bennaf cyfeillion ar y bonc, ac ambell rybelwr bach nad oedd eto wedi magu digon o gynefindra â bywyd ponc y chwarel, a wnâi beth felly. 'Rhobet Jôs mewn caci' (gan ddal yn drwynol ar yr 'o' yn y Jôs) oedd un o hoff destunau siarad y gof, a hynny er na fu Llanddog yn cwffio mewn unryw ryfel erioed, ddim hyd yn oed yn y Rhyfel Mawr ei hun.

Er bod teulu Robin yn hanu o bentref Llanddoged, y tu uchaf i Lanrwst yn Nyffryn Conwy, un o'r Blaenau oedd y gwron ei hun. Ond fel 'Llanddog' neu 'Robin Llanddog' y câi ei adnabod. Arferiad digon cyffredin yn ardal Stiniog, fel mewn sawl ardal chwarelyddol arall, siŵr o fod, oedd cysylltu dyn efo man geni ei dad. Roedd yma eraill, megis Jac Llanbryn-mair a Dic Bach Corris, yn brawf pellach o hynny.

Un 'gwlyb' drybeilig oedd Llanddog – braidd yn or-hoff o'r llaeth mwnci! Ni fyddai'n tywyllu unrhyw le o addoliad ond mae'n debyg iddo ddangos diddordeb unwaith, o weld rhai o'i gyd-lymeitwyr yn 'cael eu hachub', a'i fod wedi mynychu un o gyfarfodydd Diwygiad 1904–05 Evan Roberts. Ond achubwyd mohono, a phan ofynnwyd iddo ddisgrifio'r profiad, ei unig sylw oedd, 'Roedd yno lawar iawn o dwrw, beth bynnag!'

Ei ffordd o dreulio nos Sadwrn oedd crwydro'r tafarndai, o'r naill i'r llall. Un tro, ac yntau hanner ffordd rhwng dwy ffynnon, digwyddodd daro ar ddau o'i gydweithwyr o'r chwarel, sef y stiward a'r clarc cerrig, ac aeth yn sgwrs rhyngddynt. Dros y stryd iddynt, ar Sgwâr y Diffwys, roedd Byddin yr Iachawdwriaeth yn cynnal cylch, fel y gwnaent yn rheolaidd bob nos Sadwrn yn y cyfnod hwnnw, gyda chanu emynau, anerchiadau, darlleniadau o'r Beibl ac yn y blaen. Yn ôl yr arfer, roedd criw sylweddol wedi hel o'u cwmpas.

'Gadwch inni fynd yn nes,' awgrymodd y stiward gyda winc slei ar ei gyfaill, 'inni gael clywad be sydd ganddyn nhw i'w ddeud.' Sobrodd Llanddog yn y fan a'r lle.

'Na! Na wir!' meddai'n daer. 'Gwell imi beidio, rhag ofn imi gael fy achub, myn diawl!' Ac anelodd am ddrws y dafarn agosaf rhag i fwy o berswâd gael ei ddwyn arno.

O brofiad personol, a minnau oddeutu naw neu ddeg oed, rwy'n cofio sefyll yn nrws y tŷ un pnawn Sadwrn yn gwylio Llanddog yn dod yn sigledig iawn ei gam o gyfeiriad y Wynnes Arms. Fedrwn i ddim tynnu fy llygaid oddi arno.

'Hogyn John Huw wyt ti, dŵad?' medda fo gan fy hoelio efo'i ddau lygad pŵl.

'Ia.'

'Ydi dy dad yn tŷ?'

'Ydi.' Fedrwn i ddim gwadu, oherwydd roedd fy nhad i'w glywed yn chwarae'r piano yn y parlwr! Erbyn imi alw arno, roedd Llanddog wedi camu heibio imi ac i'r pasej.

'John!' medda fo, a'i dafod yn dew. 'Chwara'r Hen Frethyn Cartra imi, wnei di?' Dyna'i enw ar "Dôn y

Botel". Rwy'n cofio mai braidd yn gyndyn oedd 'nhad i gytuno.

'Unwaith eto, John!' medda fo, a'i lais yn floesg. 'Mae clywad yr Hen Frethyn Cartra yn gneud imi feddwl am Mam, cofia.' A sodrodd ei hun yn gyfforddus mewn cadair.

Gwyddai 'nhad rywbeth na wyddwn i. Doedd Llanddog ond yn chwilio am ffordd o dreulio'r amser nes i ddrws y dafarn agor unwaith eto. Fe adawodd o'r diwedd, ond nid cyn gwthio chwecheiniog gwyn i'm llaw. Afraid dweud fy mod yn aros ar ben drws amdano y Sadwrn canlynol hefyd, ac i'r un perfformans yn union gael ei ailadrodd. Ond dyna'r tro olaf! Roedd fy nhad wedi cael llond bol, a'r Sadwrn wedyn doedd dim sôn amdanaf ar y rhiniog yn wahoddiad ac yn esgus i Llanddog wthio'i ffordd i'r tŷ.

Rai blynyddoedd yn ddiweddarach, dechreuais weithio yn Chwarel y Graig Ddu fy hun a gwelwn Llanddog bob dydd wedyn. Byddai'n sefyll ar ben inclên Glan-y-gors, yn barod i ddechrau ar ei ddiwrnod gwaith o griwlio wageni i fyny ac i lawr o'r cei. Pwysai yn erbyn y cwt drym efo pwt o getyn clai yn ei geg, gan syllu â llygaid llonydd heibio i bawb, yn gyndyn o gydnabod unrhyw gyfarchiad boreol efo dim byd mwy na 'Smâi' swta. Doedd chwech o'r gloch y bore mo'r amser gorau i dynnu sgwrs efo Llanddog ac yntau'n dal o dan ddylanwad y noson cynt.

Hyd at ddechrau dauddegau'r ganrif ddiwethaf, bob mis y byddid yn talu cyflogau yn y chwarel ac roedd problemau yn codi o hynny oherwydd bod rhai yn methu cadw trefn ar eu gwariant. Roedd bod yn rhy hael ar ddechrau mis yn gallu arwain at dlodi a newyn ymhell cyn y diwrnod tâl nesaf – rhywbeth y gwyddai Llanddog yn dda amdano.

Dyna pam roedd yr Hen Ddoctor wedi tyfu'n ffefryn

ganddo. Fel y soniwyd yn barod, roedd Doctor Robas (Roberts) yn hoff iawn o dreulio'i oriau hamdden yn chwipio rhyw ddŵr neu'i gilydd, yn arbennig dŵr Llyn Manod, lle roedd ganddo'i gwch ei hun. Ond, ac yntau'n gloff ac yn gorfod gwisgo heyrn i atgyfnerthu ei goesau, roedd dringo i le felly efo'i holl offer pysgota ar ei gefn yn mynd yn anoddach o dymor i dymor. Y canlyniad fu iddo drefnu gyda rheolwr y chwarel i gael ei griwlio i fyny'r ddwy inclên mewn wagen wag, ar y ddealltwriaeth ei fod yn cydnabod y criwlwyr yn ariannol. Llanddog, wrth reswm, oedd un o'r rheiny, a mawr fu'r croeso i'r swllt gwyn a wthiwyd i'w law ar adeg mor argyfyngus o'r mis. Wrth gwrs, fe drodd y gymwynas yn ddefod yn fuan iawn, a Llanddog yn mynd i ddibynnu mwy a mwy ar swllt yr Hen Ddoctor. Yna, un diwrnod, naill ai trwy anghofrwydd neu esgeulustod, ni thalwyd mo'r swllt gwyn a fu fawr o drefn ar Llanddog y diwrnod hwnnw. Roedd mor bigog â draenog, ac yn hytrach na llwytho'r llechi'n dynn at ei gilydd trwy deg, roedd yn eu dyrnu i'w lle efo'r ordd bren gan falu mwy ohonynt nag oedd raid. A'r un oedd ei dymer yn y dafarn y noson honno hefyd wrth iddo orfod gofyn i'r tafarnwr am 'slôp' ac ychwanegu at ei ddyled.

Aeth wythnos heibio cyn i Doctor Robas ymddangos yng ngwaelod yr inclên unwaith eto a dringo i'r wagen wag i gael ei griwlio i fyny. Roedd tymer Llanddog yn dal i gorddi, mae'n debyg, a bachodd ddwy wagen lawn i'w gollwng dros y crimp [brig yr inclên]. Byddai pwysau'r rheiny'n fwy na digon i godi'r Hen Ddoctor a'i offer pysgota i fyny i lefel Ponc Dŵr Oer.

'Ydi'r hen ddiawl yr hen ddyn 'na wedi mynd i'r wagan,

dŵad?' gofynnodd yn ddiamynedd i Twm Tŷ Capal, oedd yn ei gynorthwyo.

'Ydi,' meddai hwnnw, heb amau am eiliad beth oedd ar feddwl Llanddog.

'Wel saf yn glir, 'ta!' medda fo, gan gydio ym mrac [brêc] y drym. 'Mi ro i reid i'r diawl nad anghofith o amdani weddill ei ddyddia.' Yna gollyngodd y brac a gadael i'r ddwy wagen lawn gychwyn ar eu taith i lawr, efo'r drym yn troi'n gwbl rydd. Ymhell cyn i'r wageni llawn a gwag gyrraedd ei gilydd hanner ffordd, roedd yr Hen Ddoctor yn chwifio'i freichiau'n wyllt a Twm Tŷ Capal yn taflu golygon pryderus iawn i gyfeiriad Llanddog. Ond daliai hwnnw i bwyso yn erbyn y cwt drym, yn tynnu ar ei bibell glai a'i ddwylo'n ddwfn ym mhocedi ei drowsus ffustion, heb ystum cydio yn y brac mawr. Ond yna, ar y funud olaf, ymsythodd a gafael yn y brac, a phwyso ar hwnnw i arafu tro'r drym, a daeth wagan yr Hen Ddoctor gwelw yn ddiogel dros y crimp. Bu'n rhaid iddo gael mwy nag arfer o help i ddringo allan ac roedd yn ansicr sut i ymateb.

'Diolch iti, Robin,' medda fo o'r diwedd mewn llais crynedig. 'Mi anghofis i roi rhwbath iti yr wsnos dwytha, yn do? Hwda!' ychwanegodd, a rhoi darn arian deuswllt yn llaw y criwliwr. Roedd hwnnw uwchben ei ddigon wedyn a bu'n noson fwy nag arfer yn y dafarn y noson honno, heb iddo orfod gofyn am slôp.

Caewyd Chwarel y Graig Ddu yn niwedd 1939, ychydig fisoedd yn unig ar ôl dechrau'r Ail Ryfel Byd, a gwasgarodd y gweithwyr i wahanol gyfeiriadau – y rhai ifanc i'r lluoedd arfog, eraill i waith yn ymwneud â'r rhyfel, a'r gweddill i geisio gwaith mewn chwareli eraill.

Erbyn hynny, fodd bynnag, roedd Llanddog yng

nghanol ei saithdegau a'i ddyddiau gwaith wedi dod i ben. Y tro olaf i mi ei weld oedd yn pwyso ar bolyn ffens ger beudy'r Neuadd Ddu ac yn syllu'n hiraethus ar inclên y Graig Ddu yn y pellter. Bratiog fu ein sgwrs, ac ni throdd ei lygaid unwaith i edrych arnaf.

.

Wil Jôs Penny (1873–1955)
GERAINT V. JONES

*Wil Jôs Penny (ar y beic)
a John Jôs Ffish.*

Dyn o flaen ei oes, os bu un erioed, a hynny am ddau reswm! Yn gyntaf, am mai fo oedd:

cenhadwr cynnar yr athrawiaeth fod pobol yn bwyta'u hunain i feddau cynamserol. Mewn llithoedd maith i'r wasg ac mewn areithiau oddi ar lwyfannau ac yng nghabanau'r chwareli ceisiai Penny argyhoeddi'i gydblwyfolion o beryglon bwydydd anaddas. Yr oedd bara gwyn ac yntau yn elynion anghymodlon ac yr oedd gorfwyta yn anathema iddo.

Dyna dystiolaeth y diweddar Ernest Jones amdano yn ei gyfrol *Stiniog*. Ac fe adawaf i Ernest fanylu ar yr ail reswm hefyd:

Cyn i bobol Stiniog freuddwydio am 'jogio', roedd Penny yn annog pawb i gerdded, i redeg neu i reidio beic. 'Beic i bawb o bobol y byd' oedd testun pregeth Penny

– a hynny o'i ddyddiau cynnar tan ei farwolaeth yn 1955, yn 82 oed.

Yn yr oes sydd ohoni heddiw, mae digon o rai tebyg i Wil Jôs Penny, wrth gwrs – dynion a merched mewn gwth o oedran yn rhedeg marathonau wrth y dwsin, ac yn ffafrio bresych a bara haidd a bwydydd iach yn hytrach na tsips a byrgyrs a phethau blasus felly! Ond yn ei ddydd, fel tipyn o granc y câi Wil ei ystyried gan lawer o bobol Stiniog. Cranc adnabyddus, serch hynny, a hynny oherwydd ei lwyddiannau lu mewn gornestau beicio!

Roedd yn byw mewn 'stryd' o ddau dŷ yng Nghongl-y-wal, Manod, ar fin lôn fach gul nad oedd yn ddim amgenach na ffordd drol. Ond er mai Bronlas oedd cyfeiriad swyddogol y stryd honno, fel 'Penny Lane' y câi ei hadnabod gan bobol y cylch, a hynny ymhell cyn i'r Beatles weld golau dydd o gwbwl, heb sôn am roi enwogrwydd i stryd o'r un enw tua Lerpwl 'na!

Os mai ychydig o ddylanwad a gafodd Wil Jôs Penny ar ei gyd-ddinasyddion, fe ddaeth o hyd i ddisgybl parod iawn yn fy nhaid, o leiaf. John Jones Ffish (neu John Jones Glo)

oedd hwnnw – llysenwau a gafodd pan ddechreuodd gludo nwyddau efo'i geffyl a throl i siopau'r dre o'r ddwy stesion oedd yn y Blaenau bryd hynny, sef yr LMS a'r GWR. Ond cyn hynny, a chyn mynd i'r ffosydd yn Ffrainc, bu fy nhaid yn gweithio yn Chwarel Foty a Bowydd (neu Chwarel y Lòrd i roi enw arall arni). Yno, dwi'n tybio, y daeth o dan ddylanwad Wil Jôs Penny a dechrau ymddiddori mewn beicio cystadleuol. Ar egwyl ginio, ar ôl llyncu tafell neu ddwy o dorth goch efo'u paned, byddai'r ddau'n mynd ati wedyn mewn dillad gwaith a sgidiau hoelion trwm, i redeg i fyny ac i lawr yr inclên, er mwyn caledu eu coesau a'u cyrff ar gyfer y cystadlu oedd i ddod. Gallwch ddychmygu'r tynnu coes o gyfeiriad y Caban wrth i'r 'ddau wirion' fynd trwy'u pethau!

Sut bynnag, mi fydden nhw'n mentro cyn belled â Phwllheli a Chaergybi, ac yn bellach na hynny hyd yn oed, i herio rhai o oreuon gogledd Cymru (a Lloegr hefyd, weithiau), ac mae ambell fedal ar gael o hyd yn y teulu i brofi bod John Jôs Ffish yn feiciwr eithaf llwyddiannus yn ei ddydd. Ond yn amlach na pheidio, Wil Jôs Penny fyddai'n dod i'r brig, ac mae'n ffaith ddiymwad ei fod wedi cystadlu yn erbyn rhai o oreuon y byd mewn ambell ras hir. Bu'n ddigon hy i fentro, unwaith o leiaf, mewn gornest yn erbyn yr enwog M. A. Holbein – gŵr a fu'n dal record byd dros flynyddoedd lawer (os torrwyd hi o gwbwl) am reidio bellaf o fewn amser penodol, sef 359 milltir mewn pedair awr ar hugain! Tipyn o gamp oedd honno'n reit siŵr, ac ni ddylai neb synnu felly na lwyddodd hyd yn oed Wil Jôs Penny i gael y gorau ar Holbein. Oedd, roedd mistar ar Mistar Mostyn ei hun!

Sut bynnag, bu'r gwron yn seiclo gydol ei oes. Yn

hanner cant oed, aeth Wil drosodd i Ffrainc i gystadlu yn erbyn eraill o'r un oedran â fo, a phan oedd yn 64 oed enillodd fedal am reidio cant a deg o filltiroedd o Gaergybi i Amwythig. Ac fel petai hynny ddim yn ddigon, pan oedd yn bedwar ugain oed fe brynodd feic newydd sbon iddo'i hun – beic rasio, wrth gwrs – er fod dyddiau rasio'r hen foi wedi hen fachludo erbyn hynny. Mae gen i gof da amdano'n torsythu'n falch o flaen garej cwmni bysys Crosville slawer dydd, yn gwahodd ifanc a hen i deimlo pwysau ei feic hynod – beic a adeiladwyd yn unswydd ar ei gyfer ac un y gellid ei godi ag un bys yn unig! Ia, rhyfeddod yn wir, yn enwedig i ni, lafnau ifanc y dre yn y cyfnod hwnnw.

Cwta ddwy flynedd o ddefnydd a gafodd Wil Jôs Penny o'i feic gwyrthiol cyn i ras fwyaf ei fywyd ddod i ben yn 1955. Mae gweddillion un o'r cymeriadau mwyaf lliwgar a welodd yr hen dre yma erioed yn rhannu'r un fynwent â Llanddog, Now'r Allt, Robin Jolly ac eraill. O gofio hynny, ac o fod â ffydd nad 'y bedd yw diwedd y daith', yna mae'n gysur gwybod fod byd difyr iawn eto'n aros pob un ohonon ni!

Amddiffyn Llan rhag y Jyrmans!
RAY JONES

Diwrnod i'w gofio oedd diwrnod sefydlu'r LDV – y Local Defence Volunteers – ym mhentre Llan. Dynion a bechgyn yn ymgynnull yn y neuadd i ymuno a derbyn eu 'armbands'. Pwysigion y pentre oedd yn gyfrifol am y trefnu, wrth gwrs – efo Dafydd Môr, mab Syr Ifan Jones, yn ben ar bawb a phopeth. Gweithdy Bob Wyn, y saer a'r cynghorydd sir, a ddewiswyd yn bencadlys, a phenodwyd T. A. Smart (rheolwr y Co-op) i hyfforddi ar y grefft o drafod 'hand grenades', a Tom Price ar y 'signals' (sef anfon negeseuon trwy ddefnyddio fflagiau).

Cynhaliwyd y parêd cyntaf ar iard yr ysgol, a bu hwnnw'n dipyn o bantomeim! Cafwyd cryn sbort pan ymddangosodd John Brown, Tai Gwyndy, efo reiffl ar ei ysgwydd – reiffl o ryfel y Boer, ddeugain mlynedd ynghynt! Ond yr hwyl mwyaf fu'r dysgu martsio. 'March time, double time, at ease . . . ' – ac yn enwedig y 'slow march'. Roedd honno'n union fel petaen ni'n trio cicio ieir! Dwi'n cofio bod Dafydd Môr wedi eistedd trwy'r perfformans gan honni bod ganddo boen yn ei gefn.

Mewn ychydig wythnosau fe ddaeth pethau ychydig yn well pan gafwyd iwnifform neu lifrai pwrpasol, a reiffls y gellid bod â rhyw fath o ffydd ynddyn nhw, sef Canadian

Ross Rifles. Ar gaeau Rhos Wen yng Nghwm Cynfal yr oeddem ni'n dysgu trin a thanio'r gynnau, ac er bod nifer o hen filwyr yn ein mysg, bachgen ifanc o'r enw Wil Bryn Hir oedd y saethwr gorau o ddigon, a'r unig un i daro'r targed yn ddi-ffael.

Roedd yn rhaid i bawb wneud dyletswydd nos yn ei dro – mynd ar batrôl a gardio llefydd pwysig. Ni châi neb ddod i mewn i'r pentre, na'i adael chwaith, heb gael ei stopio a'i holi, a mawr oedd y sôn yn ein mysg am fygythiad ofnadwy y 'German paratroopers'. Mi allai'r rheiny ddisgyn o'r awyr unrhyw funud fel cawod eira, a gwaith yr LDV oedd eu herlid nhw, os nad yn ôl i'w hawyrennau, yna i'r môr a thu hwnt! Medrwch ddychmygu mor ffyddiog oeddem ni o allu gwneud peth felly.

Y 'guard duty' cyntaf a wnes i oedd gwarchod swyddfa'r post ar Pen Bryn, a hynny yng nghwmni Evan Hughes, Bwtsiar. Dwi'n cofio iddo fo eistedd wrth y teliffon drwy'r nos, a finnau tu allan ar garreg y drws, yn syllu i fyny i'r awyr – rhag ofn! Bu hynny'n ddigon imi gael cric yn fy ngwar am ddyddiau!

Penffritisa (Pen-ffridd-tŷ-isaf), wrth ymyl bedd Lord Niwbro, a gafodd ei ddewis fel lwc-owt post, a byddai dau ohonom yn cynnal 'roadblock' wrth Tŷ Isaf ei hun. Yn fan'no roedd disgwyl i bob modur stopio, i wneud yn siŵr nad oedd unrhyw Jyrmans yn cuddio tu mewn iddo. Yna, un diwrnod, pan oedd Bert Peintar a Wil Bryn Hir yn gardio'r lwc-owt post, be ddaeth ar wib drwy'r pentre, ar ei ffordd i lawr am yr Allt Goch, ond fan fawr drom. Yn hytrach nag arafu wrth y 'roadblock' fe wibiodd heibio heb osgo stopio o gwbwl. Wel, dyna be oedd panig! Fflagiau'n dechrau chwifio! A'r 'signals' yn cael eu gyrru'n wyllt o

Benmaesllan i'r lwc-owt post ar Benffritisa! *Fan fawr wedi gwrthod aros wrth y 'roadblock'!* Dim ond un rheswm allai fod am beth felly. Rhaid ei bod hi'n llawn o Jyrmans!

Heb feddwl ddwywaith, dyma Bert Peintar yn y lwc-owt yn codi'i reiffl at ei ysgwydd ac yn tanio dwy ergyd gywir tuag at y fan fel roedd honno'n troi i lawr heibio Bryn Llywelyn, gan adael dau dwll taclus trwy'i hochrau hi. Doedd Bert na Wil fawr feddwl ar y pryd mai un o faniau Cooke's Explosives oedd hi, ar ei ffordd yn ôl i Benrhyndeudraeth ar ôl bod â llwyth o ffrwydron i Loegr. Diolch mai ar ei ffordd yn ôl yr oedd hi, a'i bod hi'n wag, neu Duw a ŵyr be fyddai'r canlyniad wedi bod!

Oes angen deud bod y saethwr, ynghyd â'i fêt, Wil Bryn Hir, wedi cael eu rhoi ar y carped yn dilyn y sioe arbennig honno? Cael eu galw i'r pencadlys yng ngweithdy Bob Wyn Saer i ateb am eu camweddau, ac i glywed Dafydd Môr, y Pen Dyn, ar y diwedd yn rhoi rhybudd brawychus i Bert Peintar, 'Paid â gneud hyn'na byth eto!'

Dro arall, tro Wil Bryn Hir oedd cael ei alw gerbron, am iddo gerdded i mewn i siop tsips Glyn a Mollie efo gwn ar ei ysgwydd a gofyn am werth dwy geiniog o sglodion! Roedd disgwyl i'r LDV gadw mwy o urddas na hynny, debyg iawn!

Tua'r amser yma hefyd, fe symudodd merch ddiarth i'r pentre i fyw, a dod yn dipyn o ffrindiau efo un o'r hogiau oedd yn digwydd bod yn fab ffarm. O dipyn i beth, fe ddechreuodd hwnnw alw heibio'r tŷ i gadw cwmni iddi, gan ofalu tynnu'i sgidiau hoelion budr a'u gadael nhw'r tu allan i'r drws cefn. Un noson, fe'i gwelwyd gan rai o'r hogiau, a phan ddaeth allan yn ei ôl ymhen awr neu ddwy, cafodd sioc o weld bod ei sgidiau wedi mynd. Pa ddewis arall, felly, ond cerdded adref yn nhraed ei sanau? Fore trannoeth, pan aeth ei dad allan i'r buarth, edrychodd o'i gwmpas, rhythu i fyny ac yna brysio'n ôl i'r tŷ i weiddi ar ei fab o waelod y grisiau, 'Be ddiawl mae dy sgidia di'n neud ar ben y corn simdda?'

Yn fuan wedyn, daeth yn amser i Wil Bryn Hir a finnau adael yr LDV ac ymuno â'r lluoedd arfog – Wil i'r awyrlu a finnau i'r fyddin. Collais nabod arno wedyn wrth imi dreulio amser yng ngogledd Affrica a'r Dwyrain Pell. Yna, un diwrnod, ar arfordir Malaya, dyma ni'n cael gorchymyn i adael y llong a mynd i'r cychod ymosod. Y dasg oedd glanio ar un o'r traethau, a chwffio'r Japaneaid oedd wedi meddiannu'r wlad.

Does gen i ddim cywilydd cyfaddef fy mod i'n crynu yn fy sgidiau wrth feddwl beth oedd yn ein haros ni. Ond yna, dyna weld pwy oedd yn llywio'r cwch – Wil Bryn Hir, o bawb, yno yn rhan o'r Air-Sea Rescue. Ro'n i'n teimlo'n well yn syth! Dyna pryd y cawsom glywed bod yr 'Yanks' wedi gollwng eu bomiau atomig ar drefi Hiroshima a Nagasaki, a bod Japan wedi ildio o'r diwedd. Ffarwelio unwaith eto efo Wil, a'i throi hi'n ôl am adre.

Y tro nesaf inni gwrdd oedd yn stabal y ddau frawd, Huw a Willie Lloyd, lle byddai hogiau'r pentre'n arfer ymgynnull bob min nos am sgwrs. Roedd gan Wil a finnau lawer iawn i sôn amdano.

Dic Siw, Dic Selar, Dic Double Dutch

GERAINT V. JONES

LLUN: D. A. DAVIES

Dic Siw, Dic Selar, Dic Double Dutch – tri enw, ond yr un Dic oedd pob un ohonyn nhw! 'Dic Siw' am ei fod yn fab i Laura Siw – neu'n hytrach yn ŵyr i Siw Fawr, ei nain yn y Blaenau; 'Dic Selar' am mai seler Club House, ar stad Lord Niwbro, oedd cartre'r teulu yn y dyddiau hynny, a 'Dic Double Dutch' oherwydd . . . Wel, mi ddaw'r rheswm am yr enw rhyfedd hwnnw'n ddigon eglur yn fuan. Un peth sy'n siŵr: doedd yna neb ym mhentref Llan Ffestiniog, heblaw'r gweinidog a'i bedyddiodd, falla, yn cysylltu Dic efo enw mor barchus â Richard Williams.

'Anodd tynnu dyn oddi ar ei dylwyth.' Wel, os gwir yr hen air, yna fe ddylai Dic fod wedi etifeddu rhai o nodweddion ei dad. Ond wnaeth o ddim, ac mae lle i ddiolch am hynny, mae'n siŵr. Yr unig debygrwydd rhwng y ddau, am wn i, oedd fod yr hen ddyn hefyd yn ei ddydd wedi cael tri llysenw gwahanol – 'Robin Tramp', 'Robin Saim' a 'Robin Selar'. Does wybod i sicrwydd beth oedd tarddiad y ddau gyntaf, ond mae'n rhydd i bawb ddefnyddio'i ddychymyg!

Brodor o Benrhyndeudraeth oedd Robin Tramp. Wedi iddo briodi â Laura Siw, ymgartrefodd y ddau yn seler Club House, ar gyrion sgwâr pentre Llan Ffestiniog – dros y ffordd i Newborough House a mynwent yr eglwys a llathenni'n unig o Dŷ Sylvanus, y ceir sôn amdanynt yn y bennod gyntaf. Er mor ddigysur oedd y seler honno, disgwylid i Robin dalu rhent arni i'r Arglwydd Newborough. Honno'n broblem fawr, siŵr o fod, i rywun nad oedd mewn gwaith parhaol, nac yn deisyfu bod, chwaith. Yn hytrach, byddai Robin Tramp yn byw ar botsio pysgod ac ar ffereta cwningod neu eu hela â milgwn; deuai hynny â cheiniogau prin iddo. Ond pres cwrw oedd y rheiny'n amlach na pheidio, a thuedd y gwron ar adegau felly oedd bod yn or-hael efo fo'i hun wrth far y Pengwern neu'r Abbey Arms. Canlyniad yr haelioni hunanol hwnnw wedyn oedd creu dyn mwy blin na chynt, a byddai Robin yn mynd adref yn ei gwrw i ddangos ei dempar i'w wraig a'i blant. Yn ôl tystiolaeth ambell gymydog, doedd yn ddim ganddo gydio yn mwrdd tlawd y gegin a'i hyrddio drosodd nes bod y bwyd prin a oedd arno'n cael ei sgrialu i bob cyfeiriad.

Roedd Robin yn un o nifer o frodyr, ond bod mwy o waith yng nghroen y rheiny, mae'n debyg. Dreifars i gwmni Cooke's Explosives oedd dau ohonyn nhw. Roedd hynny'n golygu gyrru lorïau llawn ffrwydron i bob rhan o'r wlad – hyd yn oed i bellafoedd yr Alban – a chychwyn ar eu taith yn yr oriau mân, gan basio trwy Lan Ffestiniog ymhell cyn i'r wawr ddeffro. Ond waeth pa amser o'r dydd oedd hi, fuasen nhw byth yn meddwl galw heibio Robin a Laura Siw yn eu seler yn Stiniog – wel, ddim tan yr wythnos honno pan ddiflannodd gwn o dŷ yng nghyffiniau Tan-y-bwlch ger Maentwrog, a'r heddlu'n gwneud ymholiadau dwys yn yr ardal i ddod o hyd i'r lleidr. Yna, un bore cynnar iawn, ymhell cyn i gŵn Caer ddechrau stwyrian, fe gafodd cymdogion Robin Tramp eu deffro gan sŵn lori drom yn oedi am funud neu ddau y tu allan i gartref y brawd afradlon, a lori arall wedyn ar ei chwt. Bu hynny'n dipyn o ddirgelwch ar y pryd ond fe ddaeth goleuni yn y man. Yr eglurhad, mae'n debyg, oedd fod lleidr y gwn wedi rhag-weld drws carchar yn agor o'i flaen ac yntau'n cael ei lusgo'n gyndyn trwyddo i fyd lle nad oedd na chwningod na chwrw na dim. Felly, i osgoi'r hunllef honno, fe dynnwyd y gwn oddi wrth ei gilydd yn ddarnau, i gael gwared â nhw hwnt ac yma yn Lloegr a'r Alban, lle nad oedd obaith i neb ddod ar eu traws a llai byth o obaith i'w cael yn ôl at ei gilydd yn dystiolaeth mewn llys barn.

Ychydig cyn ei farw fe gollodd Robin ei ddwy goes i'r gangrin, ac yn y cyflwr trist hwnnw ac yntau hefyd bron yn ddall y cludwyd ef gan ei feibion a'i gymdogion i'w gartref newydd yn Nhai Plasa, y drws nesa i'r Abbey Arms. Ond roedd ei ddyddiau llymeitian wedi dod i ben erbyn hynny, ac yn fuan wedyn daeth galw ar Twm Ŵan, y torrwr beddi, i agor bedd i Robin hefyd. Fodd bynnag, pan aed ati i ostwng yr arch fer i'r twll, beth oedd yno'n ei haros ond cwningen fyw! Honno'n synhwyro, siŵr o fod, nad oedd Robin Tramp na'i fferet na'i filgwn yn fygythiad iddi mwyach. Beth bynnag am helynt y gwn, mae'r stori'r wningen, o leiaf, yn berffaith wir.

Cymeriad tra gwahanol oedd Dic, y mab – yn fwy diniwed a hoffus ac yn llai dichellgar o lawer na'i dad. Pan oedd yn blentyn, Dic Selar neu Dic Siw oedd o i bawb, ond wrth iddo dyfu allan o gysgod ei dad a magu hyder i siarad mwy a mwy, fe enillodd iddo'i hun ei drydydd llysenw – Dic Double Dutch!

Er nad yn dal, roedd Dic yn hogyn cydnerth a digon golygus, efo mop o wallt cyrliog. Ond, ac yntau'n llanc yn ei arddegau cynnar, fe gafodd ddamwain go ddifrifol i'w drwyn nes bod hwnnw'n hongian bron yn rhydd o'i wyneb. Mae Alun Owen, hen ffrind iddo yn y dyddiau cynnar a mab y Twm Ŵan y cyfeiriwyd ato'n barod, yn cofio hyd heddiw fel y bu'n helpu i ddal Dic Siw yn llonydd ar fwrdd seler Club House er mwyn i'r Doctor Bach – y meddyg lleol – gael gwnïo'i drwyn yn ôl i'w le. Ond er i'r doctor, y diwrnod hwnnw, a sawl un arall wedi hynny, ei holi'n dwll ynglŷn â natur y ddamwain, ateb y bachgen bob gafael oedd: '*Secret! Me no* deud!' Ac fe aeth

Dic Double Dutch i'w fedd flynyddoedd yn ddiweddarach heb fradychu'r gyfrinach honno i neb!

Yn y dyddiau cynnar, fel ag ym mhob pentre a thref arall, siŵr o fod, byddai hogiau Llan yn ffurfio gangiau ac yn gwneud sioe o fygwth ei gilydd bob hyn a hyn. Ond bygwth mewn ffyrdd mwy diniwed o lawer na'r hyn a geir heddiw, wrth gwrs. Dim codi dyrnau, bryd hynny, yn erbyn rhywun oedd yn gwisgo sbectol; dim rhegi yng ngŵydd merched a phobol mewn oed, ac yn reit siŵr, dim cario cyllyll i fygwth tynnu gwaed.

I Gang Gwaelod Llan y perthynai Dic ac roedd sgwâr y pentre, lle byddai pob bws yn gorfod aros, yn rhan o diriogaeth y gang honno. Wrth ddringo allan o'r bws ac i'r Sgwâr, roedd yn rhaid i deithwyr y dyddiau hynny fod ar eu gwyliadwriaeth os oedd Dic o gwmpas, oherwydd, iddo fo, roedd pob dieithryn yn gyfle iddo ddangos ei orchest ac ennill sigarét yr un pryd. Byddai'n dewis ei brae yn ofalus ac yna'n taflu ei freichiau amdano, gerfydd ei ganol, a chyda'r geiriau '*Give me ffag,* Wil! *Me* gry! *Me* codi *you!*' yn dyrchafu'r dieithryn syn droedfedd neu ddwy i'r awyr. Anaml y byddai 'Wil', pwy bynnag y digwyddai hwnnw fod, yn gwrthod smôc i Dic Double Dutch!

O dipyn i beth, fe ddechreuodd rhai o gyfoedion Dic ddynwared ei ffordd unigryw o gymysgu ieithoedd, o ran hwyl i ddechrau, ac yna trwy rym arferiad. Ond pharhaodd y ffwlbri hwnnw ddim yn rhy hir, diolch i'r Drefn!

Câi'r bachgen ei anfon weithiau gan ei dad efo cwningen i hwn neu arall, gyda'r siars o ddod â'r tâl amdani yn syth yn ôl adref. Dyna bres peint Robin Tramp, wedi'r cyfan. Un tro, fe ddaeth Dic yn ei ôl yn waglaw o arian ond â'r wningen flingedig yn dal ganddo. A chan ddal y creadur marw a noeth i fyny gerfydd ei thraed ôl o dan drwyn ei dad, eglurodd yr hogyn, '*Dis* dynas *tell*, "*Want* cwningan efo blew!*" Dis look like* cath drws nesa.'

Un o gyflogwyr mwya'r ardal yn y cyfnod hwnnw – ar wahân i'r chwareli, wrth gwrs – oedd y Comisiwn Coedwigaeth, a thrwy fynychu bar y Pengwern daeth un o'r fformyn i adnabod Robin Tramp yn weddol dda a chynnig gwaith iddo mewn coedwig leol. Ymhen dim roedd y tad wedi manteisio ar ei gyfle i gael gwaith i Dic y mab hefyd, a châi'r gweithwyr eraill fodd i fyw yn gwrando ar y ddau yn mynd trwy'u pethau. Un peth y sylwon nhw arno oedd fod Robin, ar ddiwrnod tâl, yn cymryd mantais o'r ffaith nad oedd y mab yn gallu cyfri. '*Let me count your money, Dic,*' fydda fo'n ddeud, a hwnnw'n ddigon diniwed i roi ei baced pae yn llaw ei dad. Ond fe sylwodd yr hogiau nad oedd y llanc byth yn cael ei ddwybunt a phedwar swllt o gyflog yn ôl yn llawn. Yn hytrach na dau bapur punt, yr hyn a dderbyniai oedd hanner hynny, sef dau bapur chweugain. A doedd Dic ddim callach oherwydd doedd o rioed wedi cael ei ddwylo ar bres papur o'r blaen. Felly dyna'r hogiau'n mynd ati i ddysgu iddo beth oedd gwerth y pres, sef bod un papur gwyrdd (punt) yn werth dau bapur coch (chweugain). Mawr fu'r disgwyl am y diwrnod tâl nesa, ond rhaid bod Robin wedi synhwyro bod rhywbeth ar droed oherwydd fe ofalodd roi'r ddwybunt yn ôl yn llawn i'w fab y tro yma. Ond roedd Dic yn llawn drwgdybiaeth o'r hen ddyn erbyn rŵan, ac yn barod am ei dwyll.

'*Dis* pres *not* iawn,' medda fo'n gyhuddgar wrth dderbyn ei baced pae yn ôl o ddwylo'i dad. '*Dis boy* dallt pres *now*,' medda fo wedyn yn fuddugoliaethus. Ond doedd o ddim yn dallt, oherwydd roedd o wedi drysu lliwiau'r papurau yn ei ben. '*You* rhoi *me* dau papur *green*! *I want* dau papur coch.' Ac fel rhybudd pellach i'w dad i fod yn onest efo fo o hyn allan, 'Dic *tell* Mam *you* celcio pres *up pipe* noson cyflog,' medda fo. Fe wyddai'r hogyn, trwy brofiad chwerw, am dric ei dad o guddio ambell bapur chweugain rhag ei wraig trwy ei wthio i fyny'r beipen ddŵr tu allan i'r tŷ oherwydd, pan oedd yn iau, ac efo Bob ei frawd i'w helpu, roedd wedi rhoi tân yn y beipen arbennig honno ac wedi llosgi nosweithiau lawer o gysur i Robin Tramp. Afraid deud na welwyd mo Dic na'i frawd am dridiau ar ôl y fath drychineb, ac nad aeth yr un o'r ddau â matsian yn agos at y beipen honno byth wedyn! Wedi'r cyfan, roedd chweugain yn y dyddiau hynny yn bres meddwi sawl gwaith drosodd.

Os oedd papurau gwyrdd a phapurau coch yn ddiarth i Dic yn y dyddiau cynnar, roedd yn dallt darnau pres ac arian yn eithaf da ond bod ganddo'i ffordd ei hun o'u hadnabod. 'Swllt mawr' oedd pisyn deuswllt iddo, a 'swllt bach' oedd y swllt ei hun.

Er ei fod yn ddyn yn ei oed a'i amser bellach, roedd y plentyn yn dal i aros yn Dic o hyd, ac yn ymddangos yn gyson yn yr hwyl diniwed a gâi pan fyddai'n cyfarch rhai ar draws y stryd:

'Helo, Bob! . . . Ocê, Bob? . . . *See you*, Bob!' Yna'n troi efo gwên lydan at ei ffrindiau – 'Gwilym *his* enw, *you know*!'

Yn anochel bron, fe ddaeth yr amser i Dic ddechrau mynychu'r dafarn. Ceisiodd amryw ei ddarbwyllo i beidio, ond roedd perswâd Robin Tramp yn llawer taerach. Wedi'r cyfan, onid oedd ar Dic angen help i yfed ei gyflog?

Yn fuan ar ôl hynny, fe gollodd Robin ei goesau, ac fel y

soniwyd eisoes, fe'i cariwyd gan ei feibion a'u ffrindiau i'w gartref newydd yn Nhai Plasa, y drws nesa i'r Abbey Arms a thros y ffordd yn union i'r Pengwern Arms. Ond er mor hwylus agos iddo bellach oedd bar y naill le a'r llall, roedden nhw ymhellach o'i gyrraedd nag erioed a bu Robin Tramp farw o'r gangrin – ac yn rhannol o syched hefyd, falla – yn fuan iawn wedyn.

Ac am Laura Siw a'i mab? Wel, pan symudson nhw o'r pentre – i dŷ cyngor yng nghyffiniau Nefyn, dwi'n credu – fe gollodd ardal Stiniog un o'i chymeriadau difyrraf. Welwyd mo Dic Siw/Dic Selar/Dic Double Dutch byth wedyn ar sgwâr y Llan, a chafodd yr un dieithryn ar ôl hynny ei ddychryn gan freichiau cryfion yn cau amdano ac yn ei godi'n annisgwyl:

'*Give me ffag,* Wil! *Me* gry! *Me* codi *you!*'

Criw'r Cwt Letrig
VIVIAN PARRY-WILLIAMS

Ysgrifennwyd llawer eisoes am ddywediadau slic a chastiau hogiau'r chwareli, ond mae straeon cyffelyb i'w cael am gymeriadau mewn gweithfeydd a gweithleoedd eraill yn yr ardal hon – am bostmyn neu weithwyr cwmni Crosville gynt; hogiau'r rheilffordd neu'r Coparét neu'r Cyngor, a cheir ambell berl o'r Atomfa yn ogystal. Ond Criw'r Pwerdy, neu 'Gwt letric Tangrisia' ar lafar, fydd fy nhestun i yn y bennod yma.

Pan ddechreuais i weithio yn y Pwerdy ym Mehefin 1967, roedd yno oddeutu hanner cant o staff – y rhan fwyaf ohonynt wedi dod o amrywiol swyddi eraill i ennill bywoliaeth yn y pwerdy modern, mawr ei fri. Doedd ond cwta bedair blynedd wedi mynd heibio ers i'r Frenhines Elizabeth agor y lle'n swyddogol yn 1963, ac roedd pob man yn dal i sgleinio fel swllt newydd.

Yn fuan iawn deuthum ar draws sawl cymeriad unigryw. Un o'r rheiny oedd **Wil Tal**, neu William Edwards i roi iddo'i enw parch. 'Wil Tal' nid oherwydd ei daldra, er nad oedd yn fyr o bell ffordd, ond oherwydd ei fod yn hanu o Dalwaenydd, sef pentre – os pentre hefyd, gan nad yw fawr mwy na rhesdai fechan – rhwng tre'r Blaenau a Bwlch y Crimea. Nid yn unig roedd Wil, efo'i lais taran, yn gymeriad ynddo'i hun ond roedd ei gamgyfieithu hefyd yn aml yn creu gwên a chwerthin. Er enghraifft, y tro hwnnw pan ofynnodd Sais iddo ei gyfeirio i wersyll carafanau Llechrwd, rhwng Tanygrisiau a Maentwrog. Roedd hynny'n hawdd i Wil, oherwydd fe wyddai fod nifer o gychod gwenyn yng ngardd y bwthyn oedd dros y ffordd i'r maes carafanau.

'You can't miss it,' medda fo yn ei Saesneg gorau, 'there's bee boats across the road.'

Dro arall, a'r eira mân yn disgyn yn drwchus y tu allan i'r Pwerdy, ac yntau'n gwybod bod gobaith cael ein hanfon adre'n gynnar ar adegau felly, dyma Wil yn mynd ati i berswadio'r fforman o Sais fod yr eira'n sefyll, fel y dywedwn ni ffor'ma. 'I think we'd better go home, Jack,' medda fo. 'The snow's started standing.' Ac i gryfhau ei ddadl, dyma ychwanegu, 'You know what they say – "small snow, big snow".' Cyfieithiad, wrth gwrs, o'r hen ddywediad 'Eira mân, eira mawr'!

Byddai Wil yn camglywed ac yn cam-ddallt, megis yn ei ddisgrifiad o ddamwain y bu'n llygad-dyst iddi ger Betws-y-coed rywdro.

'Mi o'dd hi'n ciosg (*chaos*) yno,' medda fo, gan ysgwyd ei ben yn ddifrifol, 'ac roedd un boi wedi torri ei *ribs* a'i 'senna.'

Enghraifft arall o'r camglywed neu'r cam-ddallt oedd y llysenw y cês i fy hun fy medyddio ag ef gan Wil. 'Giarstang' oedd yr enw hwnnw. Doedd ond prin wythnos ers imi ddechrau yn fy swydd cyn i un o'r hogiau dynnu sylw at pa mor dywyll oeddwn i o ran pryd a gwedd. Yn un peth, roedd fy ngwallt yn ddu ac yn llaes bryd hynny, ac roedd gen i locsyn o'r un lliw, ac am fy mod wedi treulio rhai blynyddoedd yn gweithio allan ym mhob tywydd fel coedwigwr, roedd fy nghroen o liw pren mahogani. 'Ti'n edrych fath â Castro!' meddai hwnnw.

Roedd Wil yn digwydd bod o fewn clyw pan wnaed y sylw gwamal yna, a rhaid ei fod wedi camglywed eto fyth. Naill ai hynny neu doedd o erioed wedi clywed sôn am Fidel Castro, er i enw hwnnw fod ar y newyddion yn ddyddiol flwyddyn neu ddwy ynghynt, adeg argyfwng Ciwba. Sut bynnag, yn y dyddiau hynny byddai cwmni o'r enw Garstang yn cyflenwi siopau yn y Blaenau efo ffrwythau a llysiau ac ati, a rhaid bod Wil wedi cymryd yn ei ben fod cymhariaeth yn cael ei gwneud rhyngof i ac enw'r cwmni hwnnw! A 'Giarstang' fûm i byth oddi ar hynny ganddo.

Cymeriad arall a weithiai yn y Cwt Letrig oedd y diweddar **Robin Charles**. Un o'r trydanwyr oedd o ac un oedd yn ffond iawn o adrodd ei hanes yn y gatrawd feddygol – neu'r Medical Corps – adeg y Rhyfel. Roedd angen mwy na phinsiad o halen yn aml i lyncu rhai o'i straeon! Un o'r rhai doniolaf oedd honno amdano'n enghreifftio mor oer y gallai'r Sahara fod gynted ag i'r haul fachlud. Un noson, cludwyd Farouk, brenin yr Aifft, i'r babell feddygol allan yn yr anialwch. Sut y daeth y brenin i fod yno yn y lle cyntaf, Duw a ŵyr. Does wybod chwaith beth oedd natur ei broblem, oherwydd doedd stori Robin byth yn union yr un fath, ond mae'n debyg fod angen trallwysiad gwaed ar fyrder ar Ei Fawrhydi. Ond roedd hi'n nos erbyn hynny a'r tymheredd – yn ôl Robin Charles, o leiaf! – wedi disgyn cymaint fel bod y gwaed yn y poteli meddygol wedi rhewi mor galed fel y bu'n rhaid iddo ei ferwi i'w gael i redeg yn rhwydd ac yn gynnes drwy'r pibellau – ac i'r gwythiennau brenhinol, i achub bywyd y teyrn!

Am ei gastiau, yn fwy na dim arall, y cofiaf i **Dafydd Bach**. Ei hoff dric, pan oedd ar y shifft nos, oedd cuddio mewn rhyw gwpwrdd neu gornel dywyll a chynfas dros ei ben ac yna codi'n sydyn wrth i'w bartner fynd heibio ar batrôl. Cofiaf yn dda amdano hefyd, yn ystod hanner awr ginio, yn peintio gwadnau sgidiau'r fforman tra oedd hwnnw'n cael 'hepan' ar ôl bwyd. Buom yn dilyn ôl traed y fforman yn llythrennol y diwrnod hwnnw! Castiau diniwed, falla, ond rhai oedd yn gneud bywyd a gwaith yn ddifyr o ddydd i ddydd.

Cof arall am Dafydd Bach oedd inni'n dau gael ein hanfon i nôl desg o swyddfa yn y Ganolfan Ymwelwyr, dri chan llath o'r Pwerdy ei hun, er mwyn i ysgrifenyddes newydd Mr Golding, rheolwr y Pwerdy, gael defnydd ohoni. Ond cyfyng iawn oedd y swyddfa dan sylw, ac er bustachu a stryffaglio, doedd dim modd cael y dodrefnyn allan trwy'r drws.

'Ffonia hi, Viv,' meddai Dei, rhwng difrif a chwarae, ac yn ymwybodol o ddiniweidrwydd affwysol yr ysgrifenyddes fach newydd. 'Eglura'r broblem iddi. Deud wrthi, mae'n rhaid mai'r ddesg oedd yma gynta a'u bod nhw wedi adeiladu'r Ganolfan o'i chwmpas hi.' Finnau'n gwneud, ac yn rhoi'r ffôn i lawr dan chwerthin o fod wedi clywed yr ysgrifenyddes yn cymryd yr awgrym o ddifrif. Bum munud yn ddiweddarach, dyma'r teclyn yn canu a llais diniwed y ferch yn egluro sut y buodd hi.

'Dwi wedi egluro i Mr Golding, Vivian,' meddai hi, 'a ma fo'n deud bod ti'n rong – bod y Reception Centre yno o flaen y ddesg.' Fe gafodd Dafydd Bach a finnau fodd i fyw!

Roedd sawl cymeriad ffraeth a direidus arall yn gweithio yn y Cwt Letrig ond, i mi, y cymeriad mwyaf ohonyn nhw i gyd oedd un a fu'n bartnar imi yn fy mlynyddoedd cynnar yn y Pwerdy, ac a fu'n gyfaill agos iawn byth oddi ar hynny, er gwaetha'r blynyddoedd o wahaniaeth rhyngom. **Giaffar** oedd hwnnw, sef y diweddar annwyl G'ronwy Post.

LLUN: BRIAN P. JONES

Un o dras Defisiaid Post Tanygrisiau oedd Gron, a'i dad, Owen Davies, yn ŵr blaenllaw yn y cylch yn ei ddydd, ac yn dipyn o gymêr ei hun hefyd, yn ôl pob sôn. Sut bynnag, roedd Gron yn adnabyddus am sawl rheswm – yn bennaf, mae'n siŵr, oherwydd ei hiwmor a'i ffraethineb a'i ddiniweidrwydd iach. Ni chwrddais â neb tebyg iddo na chynt na chwedyn. Er na· chafodd fawr o addysg ffurfiol, roedd yn ŵr talentog dros ben – yn ddiwylliedig, yn ddarllenwr brwd, yn ysgrifennwr heb ei ail (yn y Gymraeg a'r Saesneg), ac er nad oedd yn gapelwr o fath yn y byd, roedd yn hyddysg iawn yn ei Feibl. Digrifwr, tynnwr coes, parod ei ateb ffraeth . . . dyna'r Giaffar ichi!

Rwy'n cofio un o'r triciau cyntaf a chwaraeodd arna i. Cnoc ar ddrws y tŷ 'cw un bore, cyn imi gychwyn am y shifft pnawn. Mrs Cadfan Jones yn sefyll yno o'm blaen. Honno'n adnabyddus drwy'r ardal am ei gwaith gwirfoddol a'i llafur cariad i lu o gymdeithasau megis y WVS, a 'main spring' y gwasanaeth pryd-ar-glud yn y dref.

'Mr Williams, ia?' meddai hi.

'Ia,' meddwn innau, heb fod yn rhy siŵr o'i hamcan.

'Wedi dod i ddiolch yn fawr ichi am folyntirio,' meddai hi.

'Folyntirio i be, deudwch?' meddwn innau'n ddryslyd.

'Wel i helpu efo'r "meals on wheels",' meddai hi.

Yr embaras wedyn o orfod egluro i'r wraig dda nad oedd addewid o'r fath wedi croesi fy ngwefus erioed.

'O, dyna ryfadd!' meddai hi'n siomedig. 'Roedd Mr Goronwy Davies yn deud eich bod chi'n awyddus iawn i'n helpu ni.'

Doedd hi ddim hyd yn oed wedi cael cyfle i gau'r giât o'i hôl nad oeddwn i'n cynllunio ffordd o dalu'n ôl. Ond, o styried rŵan, falla mai dim ond dial yr oedd Giaffar hefyd – yr hen griadur penfoel iddo – am ymweliad annisgwyl a gawsai yntau, ychydig ddyddiau ynghynt, gan ŵr oedd wedi teithio'n unswydd i'w weld efo llond cês o samplau gwallt gosod!

Dro arall, daeth dynes yr holl ffordd o Danygrisiau at ddrws fy nhŷ, efo pâr o sgidiau treuliedig yn ei llaw. Roedd hi am imi eu sodlu nhw, meddai hi. Mi ges gryn drafferth egluro iddi fod ei siwrnai ddwy filltir wedi bod yn ofer, ac nad oeddwn yn grydd nac yn fab i grydd, a bod rhywun neu'i gilydd wedi'i chamarwain. Fe wyddwn *i* pwy oedd y gwalch!

Bu'r tric a chwaraeodd Giaffar ar Wil Tal un diwrnod yn destun llond trol o hwyl yng nghaban yr Orsaf. Byddai'r CEGB, fel y gelwid y Bwrdd Trydan bryd hynny, yn cyflogi nifer o dywyswragedd – neu 'guides' yng Nghymraeg Stiniog – i fynd ag ymwelwyr o gwmpas y Pwerdy, ac un o swyddogaethau Giaffar oedd dreifio'r bws mini i ddanfon y rheiny yn ôl a blaen. Yn gynnar un pnawn, digwyddai fynd heibio cartref Wil Tal yn Stryd Glynllifon, felly dyma stopio'r cerbyd a churo ar y drws.

'Negas oddi wrth eich gŵr chi, musus,' meddai Gron wrth Jini, gwraig Wil. 'Fydd o ddim isio cinio heno, na thamad arall o fwyd chwaith. Mae gynno fo ryw hen bwys yn 'i stumog – medda fo.' Pan gyrhaeddodd Wil y tŷ y pnawn hwnnw a gweld y bwrdd o'i flaen yn wag, a chlywed Jini'n holi'n bryderus am ei iechyd, da o beth fod Giaffar ymhell o'i gyrraedd.

Un arall o'i gastiau oedd taro'i ben i mewn yn y siop lle gweithiai Beryl, fy ngwraig, a hynny ar adegau pan oedd y lle'n llawn o gwsmeriaid. 'Deudwch wrth y gŵr 'na s'gynnoch chi,' medda fo dros y lle un tro, gan smalio dicter cyfiawn, 'am gadw'n glir oddi wrth y wraig 'cw!' Yna diflannu yr un mor sydyn, gan adael fy ngwraig â'i hwyneb yn goch a'r cwsmeriaid i gyd yn gegagored ac yn teimlo drosti. Dro arall, cwsmer go fusneslyd yn galw heibio'r siop i ofyn i Beryl i ble roedden ni'n symud i fyw. Hithau'n gwadu unrhyw fwriad i wneud y fath beth ac yn ceisio

dychmygu sut bod y fath stori wedi cychwyn o gwbwl.
Ond fe ddaeth eglurhad ymhen yrhawg. Giaffar wedi
tynnu arwydd 'Ar Werth' oddi ar dŷ yn Nhanygrisiau a'i
osod yn daclus ar ein tŷ ni.

Yn wahanol i'r mwyafrif o bobol Stiniog yn y cyfnod
hwnnw, byddai Giaffar a Rowenna, ei wraig, yn treulio'u
gwyliau ar y Cyfandir, a mawr fyddai'r paratoi a'r edrych
ymlaen. Yn gynnar yn y 1970au fe ddechreuodd cwmni
bysys lleol Regina drefnu teithiau tramor, a Giaffar a
Rowenna oedd eu cwsmeriaid selocaf. Gan eu bod ill dau
mewn gwaith llawn amser, a dim cegau bach i'w bwydo
ganddynt – yn dra gwahanol i mi efo'm nythiad tri chyw!
– yna hawdd oedd iddynt fforddio mynd 'dros dŵr' am
wyliau. Alla i ond gwenu rŵan wrth gofio un o'r troeon
hynny. Y flwyddyn 1973 oedd hi a minnau wedi trefnu i
fynd â'm teulu bach i aros mewn carafán fechan
henffasiwn ym Morfa Bychan, ger Porthmadog, cwta
ddeuddeng milltir i ffwrdd, tra bod Giaffar yn edrych
ymlaen am wythnos yn haul yr Eidal: teithio allan yno ar
fws efo cwmni Regina, ac yna 'half board' mewn gwesty
moethus. Mawr fu ei dynnu coes ymlaen llaw am
ddychwelyd ymhen yr wythnos efo'i groen o liw cneuen
aeddfed, tra byddwn i a'm teulu cyn welwed â chynt ar ôl
fferru ddydd ar ôl dydd ar lannau Bae Ceredigion, a diodde
anghyfleustra'r garafán hynafol.

'*Nothing but the best* i mi a'r wraig 'cw, hogia!' Dyna'i
glochdar o bob dydd yng nghlyw pawb. Ond fe wyddai'r
hogiau mai hwyl ddiniwed oedd y cyfan, oherwydd doedd
neb llai mawreddog ar wyneb daear na'r Giaffar. Sut
bynnag, er gwaetha'i ddarogan gwae, fe ges i a'm criw bach
wledd o amser dros yr wythnos gyfan: y tywydd yn wych,

haul poeth ac awyr las bob dydd, y tywod yn grasboeth dan draed a dŵr y môr fel dŵr bath o gynnes. Ond be fu hanes Gron a'i wraig a'u gwyliau drudfawr? Ia, 'dach chi'n iawn!

'Sut aeth hi efo chi 'ta, Gron?' meddwn i'n ddireidus, o'i weld o'n llygadu fy lliw haul i'n genfigennus. A dyma'r gwirionedd yn dod allan. Wrth groesi'r Sianel, fe gaed môr tymhestlog a bu'r ddau yn sâl fel dau gi. Cychwyn da! Yna, wedi cyrraedd tir sych, teithio am oriau di-ben-draw yn y dyddiau difesurydd milltiroedd hynny, heb weld dim ond traffyrdd concrid. I wneud pethau'n waeth, bu'r glaw yn dymchwel fel y dilyw bob cam i'r Eidal, a pharhau i wneud hynny gydol y saith diwrnod nesaf! Roedd y gwesty hefyd yn ddifrifol, a'r bwyd yn gwbwl annerbyniol i stumog wan Gron. Ar ben yr holl helbulon, ac yn goron ar y cyfan, roedd y Pab newydd farw, a'r Eidalwyr i gyd yn wylofain '*Il Papa morte* – mae'r Pab yn farw', neu eiriau cyffelyb, yn ôl Gron.

'A deud y gwir wrthat ti,' medda fo, 'ro'n i jyst â chrio fy hun, oherwydd dyna'r wythnos fwya uffernol i mi ei threulio rioed.' Fel y gallwch ddychmygu, chwerthin yn iach wnes i a gweddill yr hogiau, a doedd gwên Gron ei hun ddim ymhell chwaith.

Fe gafodd brofiad digon tebyg yn fuan wedyn hefyd – yn Majorca, o bob man. Y tywydd yn ddi-fai y tro hwnnw, ond cythral o gamgymeriad, un diwrnod, i hen Gymro Cymraeg o Danygrisiau, fu dewis rhywbeth o'r enw *paella* oddi ar fwydlen uniaith Sbaeneg. Do, bu stumog Giaffar yn diodde ar ôl y pryd hwnnw hefyd.

Rhaid i rywun castiog fel fo ddisgwyl castiau'n ôl. Rwy'n cofio iddo orfod treulio cyfnod yn Ysbyty Llandudno unwaith, a hynny'n dipyn o garchar i rywun fel fo. Fe es yno i'w weld ryw noson a'i gael yn ddigon anniddig a phigog, ac yn daer am gael dod adre.

'Ydach chi angan rwbath, Gron?' meddwn i cyn gadael, o fod wedi gwrando arno'n sôn am ei syrffed.

'Wel, mi faswn i'n licio rwbath go ddifyr i'w ddarllan, a rwbath reit flasus i'w fyta yn lle'r sothach 'ma ti'n arfar ddod i mi,' medda fo yn ei ffordd gellweirus arferol. Y diwrnod canlynol, es i Siop Lyfrau'r Hen Bost yn y Blaenau a gofyn i Dafydd, y perchennog, beth oedd y llyfr ail-law mwyaf diflas oedd yno. Cefais f'arwain at silffoedd yn y cefn, ac yno y dois o hyd i gopi o *Esboniad ar Lythyrau Paul at y Corinthiaid*, a llyfr arall ar hanes teulu brenhinol y Windsors. Y ddau am hanner can ceiniog, a'r perchennog yn fwy na balch o gael 'madal â nhw!

Mi es i â nhw i lawr i'r hen gyfaill y noson honno, ynghyd â thun o bîns a swejan, a rhoi'r rheiny yn y fowlen wrth ochr ei wely, ar ben y ffrwythau oedd yno'n barod. Mi gafodd y nyrsys, wrth gwrs, fodd i fyw wrth weld y swejan a'r tun bîns yng nghanol y bananas a'r grêps. Mi gododd y weithred hurt honno galon y claf hefyd, fel y gallwch ddychmygu.

Fe gafodd ddod adre'n fuan wedyn a dyma gael galwad ffôn ganddo.

'Mae gen i newydd da a newydd drwg iti,' medda fo. 'Pa un gymri di gynta?'

'Y da,' meddwn innau, yn amau beth oedd ar ddod.

'Dwi wedi ca'l yr "all clear" gan y doc, 'achan,' medda fo.

'Da iawn, Gron,' meddwn innau – a'i feddwl o. 'Mi ddeudis i mai stumia oedd y cwbwl! Be 'di'r newyddion drwg, 'ta?'

'Chdi oedd i gael y doman gompost ar f'ôl i!'

Pan fu'r Giaffar farw ym Medi 1998, fe gollodd tre'r Blaenau un arall o'i chymeriadau ffraeth, a bellach mae pob un o griw'r Cwt Letrig a gaiff eu henwi uchod wedi 'ngadael i. Ar ddydd ei angladd, caed un o'r dyddiau gwlypaf erioed yn hanes Stiniog, a minnau'n un o'r dethol rai a gludai'r arch i fynwent y plwyf. Wrth imi dalu'r gymwynas olaf i'r hen gyfaill annwyl y diwrnod hwnnw, gallwn ei ddychmygu'n chwerthin yn galonnog wrth imi wlychu at fy nghroen, a bron na allwn glywed ei lais castiog yn sibrwd yn fy nghlust,

'Fi gafodd y gair ola wedi'r cwbwl, y diawl bach!'

Dic Victor
(Richard Victor Williams 1924–1988)
STEFFAN AB OWAIN

Yn Nhanygrisiau y ganed Richard Victor Williams, neu Dic Victor, fel y'i gelwid gennym. Gŵr oddeutu pum troedfedd a hanner o daldra oedd o, efo gwallt du a llygaid tywyll, ac un o'r rheiny'n llonydd braidd. Chwaraeai gwên fach gellweirus ar ei wyneb bob amser a byddai wastad yn cellwair ac yn tynnu coes. Yn wir, nid oedd diwedd ar ei ffraethineb ac roedd wedi ei eni'n gomedïwr. Ceir llawer o hanesion digrif amdano a dim ond rhyw ddetholiad bychan yw'r canlynol.

Rywbryd yn ystod y chwedegau fe'i cafodd Dic ei hun rhwng dwy swydd ac yn ddi-waith am gyfnod. Nid oedd dim amdani, felly, ond troi at 'y wlad' am gymorth ariannol i fyw, a chadw'i wraig a'i blant. O ganlyniad, anfonwyd swyddog o'r 'Sistans' (National Assistance) i'w gartref, er mwyn ei weld a'i holi parthed ei sefyllfa ariannol a'i hawl i dderbyn cymorth. Ar ol cael mynediad i'r tŷ, estynnodd y swyddog ei bapurau o'i gês a gofynnodd amryw gwestiynau i Dic, megis ei enw, ei gyfeiriad, lle bu'n gweithio o'r blaen, ac yn y blaen Yna daeth y cwestiwn hollbwysig,

'Faint o arian sydd gennych chi yn y banc, Mr Williams?'

Dyma Dic yn ei ateb yn bwyllog, gyda direidi yn ei lygaid tywyll: 'Ychydig dros bum mil o bunnau.'

Roedd swm fel'na'n arian sylweddol y pryd hynny, yn enwedig i chwarelwr cyffredin yn y Blaenau, pan nad oedd cyflog chwarel ond yn ymestyn o un dydd Gwener i'r llall ar y gorau. Felly gallwch fentro mai ymateb pigog a gafwyd gan y swyddog i hyn, ac meddai, a golwg guchiog arno,

'Peidiwch â siarad yn wirion, ddyn!'

Atebodd Dic, megis ergyd o ddryll, 'Wel, y chi ddechreuodd, yndê?'

Yn ystod y saithdegau, cyflogwyd Dic a minnau i weithio yn un o brif chwareli'r fro. Buom yn gweithio hefo'n gilydd am chwe mis neu fwy yn 'codi bariau' (yn iaith y chwarel), sef codi rheiliau a sliperi pren yr hen ffordd haearn (rheilffordd fach y chwarel) ar Lawr B yn agorydd a lefelydd tanddaearol Chwarel Llechwedd. Efallai y dylwn esbonio hefyd nad oedd fawr o oleuni yn y tywyllwch tanddaearol hwn bryd hynny, a gweithio gyda lampau ar ein helmedau y byddem gan amlaf. Mae'n rhyfedd meddwl hynny heddiw, ond yn y prinder golau hwnnw y tyfodd cyfeillgarwch rhyngom ni'n dau, a dyma'r adeg y deuthum i wybod mwy am ddoniolwch a chastiau Dic.

Roeddwn eisoes yn gwybod am y doniolwch, ond yn ystod y cyfnod hwn gwelais fod dyfeisgarwch yn perthyn iddo hefyd. Er enghraifft, tasg anodd ar adegau oedd tynnu'r 'nogia', sef yr hoelion cryf a ddaliai'r bariau'n sownd yn y sliper bren, oherwydd eu bod mor dynn ynddynt. Dylid cofio mai coed derw oedd deunydd ambell sliper ac er eu bod wedi eu gosod yno flynyddoedd maith cyn i ni daro llygaid arnynt, gallasent fod yn galed fel haearn Sbaen.

Yr erfyn a ddefnyddid amlaf at y gwaith hwn oedd caib – y math efo un pen ychydig yn lletach na'r pig oedd ar ei phen arall. Defnyddid y bar (y rhail) ei hun, neu ddarn bach o haearn caled, fel brisyn i dynnu'r nog o'i le, ond weithiau byddai coes y gaib yn gwichian dan straen ac roedd perygl iddi dorri. Ond fel y dywed yr hen air, 'Angen yw mam pob dyfais' ac felly, un bore yn ystod ein hwythnos gyntaf yno, gofynnodd Dic imi bicio i fyny i Bonc yr Efail at y ffitars neu'r gof i chwilio am hen beipiau modfedd o led (sef trawsfesur eu ceg) a thua phedair troedfedd o hyd, ac o ddefnydd cryf.

Nid oeddwn yn siŵr ar y pryd beth oedd Dic yn bwriadu'i wneud efo'r peipiau hyn. Beth bynnag, cefais ganiatâd i fynd â dwy ohonynt i lawr yn ôl i'r Twll efo fi i Lawr B lle gweithiai'r ddau ohonom. Wedi cyrraedd, dyma Dic yn gafael yn un ohonynt a'i rhoi ar brawf. O fewn dim, mi welwn mai diben y peipiau oedd tynnu'r nogiau styfnig allan o'r pren caled trwy roi ceg y beipan o dan 'ben gafael' y nog, a brisyn oddi tan ben blaen y beipen; pwyso arni hi wedyn, a lifro nes llwyddo i gael yr hen nog tyn allan o'r sliper. Hyd y gwn i, drychfeddwl Dic oedd hyn, a dyfais a arbedodd lawer iawn o straffîg inni.

Ryw dro arall, roeddwn wrthi'n gweithio ar un ochr i'r ffordd haearn gyda'r bwriad o gael bar deunaw troedfedd yn rhydd o'r sliperi. Dyma fi'n estyn yr ordd haearn bedwar pwys ar ddeg oedd gerllaw, er mwyn rhoi swadan iawn i ochr y bar a'i ryddhau'n ddidrafferth. Daliwn yr ordd fel petawn yn cydio mewn clwbyn golff, a dyma fi'n ei chodi uwch fy mhen a swing iawn iddi hi gan obeithio taro'r bar yn daclus o'i le. Ond methais daro'r bar yn gyfangwbl, a mwy na hynny, aeth coes yr ordd o'm dwylo, a hithau drwy'r awyr fel mellten heibio clust Dic Victor. Roeddwn wedi dychryn yn arw. Â'm calon yn curo 'fel mwrthwl meinar', edrychais yn y golau gwan ar wyneb Dic gan ddisgwyl iddo fod yn gandryll ulw efo fi. Ond geiriau tebyg i'r canlynol a ddaeth o'i enau a heibio'r rôl sigarét yn ochr ei geg, 'Duwch annwyl! Wyddwn i ddim dy fod ti eisio fy lladd i, hogyn!' Ar ôl ymddiheuro'n llaes iddo, mi es i chwilio am yr ordd – yr unig un oedd gennym – a chanfod ei bod wedi glanio i lawr rhyw hen dwll cul nad oedd neb wedi gweithio ynddo ers blynyddoedd maith.

'Be wna i, 'dwch?' meddwn i wrth Dic. 'Mae'r ordd wedi mynd i ryw le go beryglus yr olwg ac mae gen i ofn mentro i'w nôl hi.' Dyma Dic yn troi'n hamddenol braf ataf a dweud,

'Sut ddaw hi o'na, dŵad?'

Diwedd y stori oedd imi orfod stryffaglio ar fy mol fel rhyw ddaeargi i'w nôl hi, a bu'r profiad yn wers effeithlon imi gymryd mwy o ofal wrth waldio bariau gyda gordd haearn drom byth wedyn.

Un diwrnod, pan oeddem wrth y gwaith o 'godi bariau', bu'n rhaid i'r ddau ohonom fynd i chwilio am sledi gweigion, y math arbennig o gerbydau a ddefnyddid i gludo'r bariau a'r sliperi o'r naill le i'r llall. Beth bynnag, i arbed amser a thrafferth, dyma benderfynu cymryd llwybr cwta o Lawr B a mynd i'r lefel y rhedai trên bach y twristiaid arni, sef y trên sy'n ymweld â rhyfeddodau tanddaearol y chwarel.

Mewn un rhan weddol lydan a goleuedig o'r lefel ceid delwau o chwarelwyr yn cogio gwthio sled efo darn o lechfaen nobl arni. Wel, wrth i ni gyrraedd y gilfan hon, clywsom sŵn y trên bach yn dod, a lleisiau'r ymwelwyr a eisteddai yn y cerbydau yn nesáu'n gyflym. Arhosodd Dic yn y fan a'r lle a chymryd arno ei fod yn un o'r delwau. Penderfynais innau guddio y tu ôl i hen wagen. Yn y cyfamser, roedd Dic wedi rholio sigarét ac yn ei dal hi rhwng ei fysedd fel yr âi'r trên bach heibio, a'r ymwelwyr yn syllu ar y delwau a'r math o waith a fyddai'r chwarelwyr yn gorfod ei wneud. Dyma Dic, heb symud modfedd, ac eithrio ei law, yn rhoi'r sigarét yn ei geg a chwythu'r mwg allan tuag at y cerbydau llawn. Fel yr oeddwn yn piffian chwerthin ar ben hyn, gwelais ryw Saesnes yn pwyntio at Dic a'i chlywed yn dweud wrth ei gŵr, 'Well, wasn't that one realistic?'

Dro arall, roedd yn bnawn Sadwrn gwlyb yn 'hen dref y glaw', a chriw ohonom wedi ymgynnull yn nhafarn y Cwm yn y Blaenau. Safai Dic ag un penelin ar y bar yn sgwrsio'n hamddenol gyda rhyw gyfaill neu'i gilydd pan ddaeth cwpwl priod, yn tynnu am oed yr addewid siŵr o fod, i mewn trwy'r drws ac at y bar i ordro'u diod. Rhai o ochrau'r Bala oedden nhw, a byddent yn dod i'r Blaenau ar ddydd Sadwrn i werthu wyau ieir, gan alw ar ddiwedd pnawn am ryw hanner peint o gwrw yn y dafarn cyn ei throi hi am adref. Tra oeddynt yn disgwyl am eu diod, cyfarchodd Dic y ddau, 'Sut ydach chi heddiw?'

'Gwlyb!' meddai'r gŵr ac ychwanegu, 'On'd dydi hi'n bwrw glaw bob tro y byddwn ni'n galw yma.'

A dyma athrylith Dic ar waith y munud hwnnw.

'Rargian! Wyddoch chi ddim fod yn rhaid inni gael glaw yn y Blaenau 'ma?'

'Duwch annwyl! Pam felly?' meddai'r gŵr.

'Wel, er mwyn gwneud yn siŵr fod y llechi to yn dal dŵr cyn eu hanfon nhw i ffwrdd,' meddai Dic, a'i dafod yn ei foch. Hyd heddiw, nid wyf yn sicr a lyncodd y ddau o'r Bala ei esboniad ai peidio, achos edrych yn hollol syn ar Dic a wnaethon nhw.

Daeth gyrfa Dic Victor yn y chwarel i ben yn dilyn damwain gas. Bu mewn loes am rai blynyddoedd yn dilyn ei godwm, a chadw yn y tŷ a wnâi yn fwy na dim. Fodd bynnag, gwellodd yn raddol a dechreuodd grwydro allan unwaith eto. Dychwelodd y wên ddireidus a'r elfen gellweirus ond ychydig iawn a welsom ni ohono ym mlwyddyn olaf ei oes. Bu farw ar y pedwerydd ar bymtheg o Awst 1988.

Wil Bach Tŷ Nant

GARETH JONES

Fel Jac Llan o'i flaen, ym Mhant-llwyd uwchlaw Llan Ffestiniog y ganed William Owen Roberts, yn fab i Robert a Mary Roberts a 'brawd bach' i dair chwaer. Symudodd y teulu wedyn i Dŷ Nant y Beddau wrth droed y Migneint, ac oddi yno bum mlynedd yn ddiweddarach i ffermdy bychan cyfagos, sef Llety Gwilym, a hwnnw fu cartre Wil weddill ei oes – ond fel Wil Bach Tŷ Nant y câi ei adnabod gan bawb.

Roedd yn llawn direidi er pan oedd yn ddim o beth, ac roedd ei gartref bob amser yn llawn chwerthin iach. O bryd i'w gilydd, serch hynny, fe gâi ei fam lond bol ar ei gastiau diddiwedd, a byddai'n gorfod troi arno i'w geryddu neu i roi chwip ar ei din os oedd raid. I osgoi peth felly, fe ddysgodd Wil yn gynnar iawn fod ffraethineb ac ateb parod yn gallu bod yn darian hwylus rhag cosb. Un tro, ac yntau'n gwybod ei fod wedi mynd dros ben llestri a bod cefn llaw ar ddod, cododd ei ddwylo i esgus cuddio'i wyneb a dechrau canu'n dawel, 'Bugail Israel sydd ofalus am ei dyner annwyl ŵyn'. Doedd dim peryg iddo gael slap wedyn!

Am ei fod yn or-hoff o'i wely yn y bore, fe gâi ei fam drafferth i'w gael i godi. Byddai'n gweiddi 'Wil! . . . Wil!' arno am hydoedd o waelod y grisiau cyn iddo gymryd unrhyw sylw ohoni. Yna, gan na allai ei hanwybyddu mwyach, byddai'n gweiddi 'Yma, *miss*' yn ôl, yn union fel petai'n cadarnhau i'w athrawes ei fod yn bresennol.

'Mi wn i'n iawn dy fod ti yna,' fyddai hitha'n ddeud, yn fyrrach eto'i thymer. 'Dy gael di *o*'na ydi'r job!'

Droeon, hefyd, fe geisiodd ei brifathro yn yr ysgol gynradd ei ddisgyblu am fethu bod yn brydlon yn y bore.

'Hwyr eto, William Robas?' fyddai cwestiwn blin y Sgŵl wrth i Wil ymddangos ymhell ar ôl pawb arall. 'Mae'r gloch wedi canu ers meitin.'

'Niwl ar y mynydd, syr!' fyddai esgus Wil bob gafael, waeth beth fyddai'r tywydd uwchben, a gorfodid y Sgŵl i droi draw i guddio gwên.

Hawdd credu fod gwên ddireidus ar wyneb Wil ei hun o'r eiliad y gwelodd olau dydd erioed, a phrin fod y direidi hwnnw wedi cilio o'i lygad am yr hanner cant ac wyth o flynyddoedd oedd yn aros amdano.

Un byr o gorff oedd o a cherddai bob amser yn fân ac yn fuan, gan roi argraff o brysurdeb mawr. Doedd o fawr mwy na phum troedfedd o daldra. Ond nid taldra sy'n mesur cymeriad dyn, diolch am hynny.

Ei swydd gyntaf wedi gadael ysgol oedd fel prentis plymar yn y Llan, a gŵr o'r enw Mr Fitton oedd ei gyflogwr – enw da i ddyn oedd yn cysylltu peipiau, yn ôl Wil! Yn 1947, ymunodd Wil â'r awyrlu, gan adael bro ei febyd am y tro cyntaf erioed, a theimlo hiraeth dwfn yn syth am ei deulu a'i gynefin. Ar ddiwedd ei gyfnod o wasanaeth, dychwelodd i'w henfro, a bu'n gweithio am gyfnod yn Chwarel Bwlch Slatars ym mhen uchaf Cwm Teigl, ond o fewn golwg o hyd i'w gartre yn Lletty Gwilym. Yno cafodd anaf ddifrifol mewn ffrwydrad, ac fe adawodd honno ei hôl ar ei wyneb weddill ei oes. Bu am gyfnod wedyn yn ennill rhyw geiniog neu ddwy trwy werthu coed tân o gwmpas yr ardal. Hen wraig eitha ffyslyd oedd un o'i gwsmeriaid, a byddai'r hen greadures yn gofyn yr un cwestiwn yn rheolaidd bob wythnos:

'Sut fath o *logs* sy gynnoch chi heddiw, Mr Roberts?' Collodd Wil ei amynedd yn y diwedd,

'Gwrandwch, musus!' medda fo. 'Mi ddo i â chatalog ichi wsnos nesa.'

Cafodd waith gyda'r Bwrdd Dŵr yn fuan wedyn, gan wneud tipyn o ffarmio hefyd bob cyfle a gâi. Ond mae lle i amau nad oedd calon Wil gant y cant yn y ffarmio. Un tro, ac yntau'n awyddus i anfon ei ddefaid i 'wintro' dros fisoedd y gaeaf, cafodd gynnig tir gan ryw Sais. Pan ofynnodd am y telerau, dyma'r ateb yn dod yn ddigon swta, a chyda phwyslais amlwg ar yr arddodiad:

'Fifty pence *per* ewe, *per* week.' Wrth weld Wil yn hir betruso, gofynnodd y perchen tir yn ddiamynedd wedyn, 'Well? Are you interested, or not?' a chael yr ateb herllyd,

'*Per*-haps!'

Ar adeg arall, fe gâi caeau Lletty Gwilym eu poeni'n arw gan dyrchod daear, a gofynnodd ffrind i Wil beth a fwriadai ei wneud ynglŷn â'r broblem.

'Wel,' oedd yr ateb, 'fydda i byth yn licio gweld yr un anifail yn diodda, felly yr hyn fydda i'n neud ydi'u claddu nhw'n fyw!'

Roedd cwlwm clòs rhwng Wil a'i fam, a châi ddweud pethau wrthi na feiddiai'r un plentyn eu dweud yn arferol wrth ei fam. Un tro, roedd yr hen wraig wedi gorfod cadw i'w gwely oherwydd rhyw anhwylder neu'i gilydd, a'r mab wedi aros gartre i dendio arni. Wrth glywed y ci yn crafu'r drws yng ngwaelod y grisiau un diwrnod, a hithau erbyn hyn wedi troi at wella, galwodd o'i gwely, 'Wil! Wnei di yrru Jess bach i fyny i ngweld i?' A dyna'r ateb yn dod ar ei union, 'Na. Mae o'n deud bod yn well gynno fo'ch cofio chi fel roeddach chi!'

Yn fuan wedyn bu'n rhaid cael ci newydd, ac ar ddiwrnod cneifio sylwodd rhai o'r ffermwyr eraill mai *Jones* oedd enw Wil arno.

'Enw rhyfadd ar gi, Wil!' meddai un wrtho. 'Pam ei alw fo'n *Jones*, medda chdi?' Neidiodd y direidi i lygaid y perchennog yn syth.

'Newydd ei brynu fo ydw i,' medda fo, 'a dwi ddim yn teimlo'n ddigon hy arno fo eto i'w alw wrth ei enw cynta.'

Dro arall, daeth i'r tŷ a gweld bod ei fam wedi bod yn

brysur yn gneud cacen *sponge*, ond heb gael llawer o hwyl arni. Roedd y gacen wedi ei gadael ar fwrdd y gegin, yn fflat ac wedi'i llosgi'n ddu.

'Mam!' gwaeddodd. 'Mae pwy bynnag fuodd yma yn eich gweld chi wedi gadael ei feret ar ôl.'

Ar un cyfnod, fe gafodd Wil flas ar brynu hen geir a faniau, ond i ba bwrpas yn hollol, mae'n anodd dweud. Roedd golwg arbennig o echrydus ar un o'r faniau hynny, efo darnau o linyn bêls yn dal y drysau cefn ynghau ac yn eu cadw, am wn i, rhag syrthio i ffwrdd yn gyfangwbl. Eto i gyd, yn honno y mynnai ddod i lawr i'r pentre i negeseua a chael ei stopio hefyd, yn amlach na pheidio, gan y plismon lleol.

'Arglwydd mawr, Wil!' meddai hwnnw wrtho un tro, gan lygadu cyflwr anghyfreithlon y fan. 'Be ti'n fwriadu 'neud ynglŷn â hon?'

'Dwn i'm, Duw,' meddai Wil yn llawn direidi, 'os na phapura i hi.' Mygodd y plismon ei wên.

'Ond yli dy ddrws di! Mae o bron â disgyn i ffwrdd. Mi fydd *raid* iti neud rwbath ynglŷn â fo.'

'A deud y gwir wrthat ti,' meddai Wil, gan gynnig ei ateb ei hun i'r broblem, 'meddwl rhoi cyrtan yn ei le fo 'n i.' Mae'n dda bod gan y plismon, fel y prifathro hwnnw gynt, synnwyr digrifwch, a'i fod yn nabod y troseddwr yn bur dda.

Byddai sydynrwydd ei atebion yn tynnu gwên yn ddieithriad. Meddai wrth gyfaill rywdro pan ofynnodd hwnnw am fenthyciad bychan: 'A friend in need is a bloody nuisance.' Ac wrth un arall: 'Paid byth â bod ofn gofyn imi am fenthyg. Mae croeso iti ofyn, boi, ond paid â disgwyl cael!'

Roedd ganddo lais tenor swynol, a bu'n cystadlu rhyw ychydig yn ei flynyddoedd cynnar. Teithiodd i Lundain unwaith efo Llwyd o'r Bryn, a chael ei recordio gan y BBC yn canu 'Cân yr Arad Goch'. Ond er ei arabedd a'i ffraethineb agored, perthynai iddo hefyd ryw swildod rhyfedd, a thystia'i deulu y byddai'n debycach o ymarfer ei lais pan nad oedd neb yn gwrando. Dyna pam, medden nhw, mai ei ddefaid a'i ŵyn oedd yn y sefyllfa orau i roi barn ar ei ganu.

Ymhen amser, ymunodd Wil â Chôr Meibion y Moelwyn ac, fel y gellid tybio, fe gâi'r aelodau fodd i fyw yn ei gwmni. Un flwyddyn, trefnwyd adloniant arbennig at y cinio Nadolig, a chaed sgets fer ar batrwm y rhaglen gwis *University Challenge* efo dau banel o wybodusion. Roedd disgwyl iddynt gadw wynebau syth, wrth gwrs, i gyfleu difrifoldeb y gystadleuaeth.

'Name and subject?' meddai'r holwr yn ffug-bwysig, a daeth ateb oddi wrth aelod cynta'r tîm:

'Hefin from Tanygrisiau, reading Philosophy.'

'Gareth, from Rhiw, reading Economics,' meddai'r nesaf . . . ac felly ymlaen. Wil oedd yr olaf i gyflwyno'i hun:

'Wil Bach from Tŷ Nant,' medda fo, efo'r un difrifoldeb â phawb arall ond â'i lygaid yn pefrio'n ddireidus, '. . . reading Comics.' Aeth y sgets ar chwâl cyn iddi gychwyn bron!

Dros y blynyddoedd, bu llawer o bryfocio rhwng Côr y Moelwyn a Chôr y Brythoniaid. 'Cythral canu' fyddai ambell un yn galw'r peth! Sut bynnag, pan glywodd Wil un bore fod un o'r doctoriaid lleol wedi ymuno â'r Brythoniaid, medda fo'n syth,

'Dwi'n synnu dim fod doctor wedi'u joinio nhw. Mae'u canu nhw'n sâl uffernol erstalwm!'

Un a fu'n arwain Côr y Moelwyn am flynyddoedd lawer oedd gŵr o'r enw T. O. Thomas (neu Tom Tom ar lafar gwlad) ac roedd o'n awyddus iawn, ar un adeg, inni ddysgu un o ffefrynnau'r corau meibion ar y pryd, 'Arise, Oh Sun!'

'A be di'ch barn chi am y darn, hogia?' holodd, ar ôl i'r côr gael rhywfaint o siâp ar y gân. Wil oedd y cyntaf i ateb,

'Mr Thomas!' medda fo yn ei lais main tenoraidd, 'Mae mam wedi bod yn canu hon imi bob bore ers blynyddoedd lawar – "Arise, Oh Son!"'

Arweinydd nesaf y côr oedd y diweddar Glyn Bryfdir Jones – gŵr byrlymus ei sgwrs, hynod wybodus ym myd cerdd, ond â thuedd i fod braidd yn danllyd a byr ei amynedd ar adegau (gydag achos cyfiawn yn amlach na pheidio!). Un noson, fe gymerodd yn ei ben i egluro ystyron rhai termau cerddorol i'r hogia – pethau fel *adagio*, *andante*, *allegro*, ac yn y blaen. Cafodd wrandawiad parchus gan y mwyafrif, tra bod eraill yn cael trafferth i guddio'u diflastod. Sut bynnag, yng nghanol ei berorasiwn llawn egni a stêm, sylweddolodd yr arweinydd fod ambell un o'i gynulleidfa'n hanner cysgu a Wil Bach yn eu plith. Felly, taflodd gwestiwn sydyn at y rheiny,

'Pwy ohonoch chi fedar ddeud wrtha i be 'di ystyr *sotto voce*?' medda fo, gan feddwl codi rhywfaint o gywilydd ar y rhai di-hid, mae'n siŵr. Ond saethodd llaw Wil i fyny'n syth. 'Wel?' holodd Glyn, gan fethu celu ei syndod.

'Wy wedi'i ferwi'n galad!' meddai Wil efo wyneb syth. A thaflodd yr arweinydd ei faton ar draws y stafell mewn anobaith llwyr.

Dro arall, tra oedd yn hyfforddi'r côr i ganu'r darn

mawreddog 'Martyrs of the Arena', a'r chwys yn byrlymu ar ei dalcen, fe'i cynddeiriogwyd fel roedd y perfformiad yn codi i grescendo gwych, pan sylwodd ar rai o'i denoriaid yn pwffian chwerthin. Buan y dalltodd pam.

'God of the martyrs and the slaves' a ganai gweddill y côr; 'God! What's the matter with the slaves?' oedd llinell Wil.

Un flwyddyn, a Sylvia Ann Jones bellach yn arweinydd, fe benderfynwyd cystadlu yn y Genedlaethol. Doedd y darn gosod ddim yn un hawdd o gwbwl ac fe geisiodd yr arweinyddes egluro un o'r rhesymau pam, sef bod newid amseriad o fewn y gwaith.

'Sylwch!' meddai hi, a'r aelodau i gyd ond un yn gwerthfawrogi mor bwysig oedd cael pethau'n iawn at y gystadleuaeth. 'Dim ond tri yn y bar sy 'na yn fama.' Dyna cyn belled ag y cafodd hi fynd cyn i Wil dorri ar ei thraws:

'Yn y *lounge* mae'r lleill, mae'n siŵr!' medda fo.

Fel y mwyafrif o gorau Cymru, bu Côr y Moelwyn hefyd yn teithio'n eang – dros Glawdd Offa a thros y lli. Fel rheol, ar y teithiau hynny byddai Wil yn rhannu sedd bws efo Eric Twm, ei frawd-yng-nghyfraith, a hwnnw'n dipyn o gymêr ei hun. Un flwyddyn, fel roedd y bws yn cyrraedd porthladd Plymouth ar y ffordd i ŵyl fawr yn Llydaw, dyma Eric yn troi at Wil.

'Roedd gan Nain hannar chwaer yn byw ffor'ma'n rwla,' medda fo'n gysglyd.

'O! Deud ti!' meddai Wil yn ôl. 'Lle roedd ei hannar arall hi'n byw, 'ta?'

Yn Llydaw, fe benderfynodd rhai o'r côr un noson eu bod yn haeddu pryd o fwyd mewn bwyty go sbesial. Wedi eistedd wrth fwrdd a chael amser i astudio'r fwydlen helaeth, daeth *waiter* tal, gosgeiddig atynt, gyda chadach gwyn tros ei fraich, a'i lyfryn bychan yn ei law i dderbyn eu hordors. Yn anffodus, dewisodd fynd at Wil yn gyntaf.

'Would you like a starter, sir?' gofynnodd, efo'i bensel yn hofran uwchben y papur.

'No,' meddai Wil, oedd yn gwybod pob dim am hen geir ond nad oedd fawr callach am fwydydd ecsotig, 'I'd rather have a battery please.' Ffrwydrodd y chwerthin o gwmpas y bwrdd, tra bod y *waiter* druan yn edrych yn hollol syn a di-ddallt. Yna, wedi i bawb orffen eu prif gwrs, daeth merch ifanc at y bwrdd yn gwthio troli llawn o dreiffls a chacennau melys. Wil oedd yr olaf i gael dewis y tro yma.

'Would you care for anything off the trolley, sir?' gofynnodd yn annwyl.

'Yes, please,' meddai Wil, a'r direidi'n pefrio unwaith eto yn ei lygaid, 'I'll have the castors, please.'

Taith gofiadwy arall oedd yr un a gaed i Wlad yr Iâ, gan aros mewn hostel ieuenctid yn y brifddinas, Reykjavik. Cyn i'r awyren lanio, rhaid oedd llenwi holiadur ar gyfer y *passport control* ac roedd nifer o flychau i'w llenwi arni. Taflodd un o'r hogia edrychiad slei i weld be oedd Wil yn ei roi ar ei gerdyn. Gyferbyn â'r cwestiwn 'Sex?' gwelodd ef yn gwasgu dau air i mewn i'r blwch ateb – 'Yes please.'

Tra oedd y côr yng Ngwlad yr Iâ caed taith i'r Westman Islands, lle bu trychineb ddifrifol yn 1966 pan ffrwydrodd mynydd tanllyd. Roedd afonig yn llifo oddi ar y mynydd a'i dŵr yn gynnes. Sylwodd yr hogia fod rhai cannoedd o ddarnau arian wedi cael eu taflu i un pwll arbennig ynddi, fel rhyw fath o aberth, mae'n debyg, rhag trychineb arall. Wedi syllu'n fyfyriol i'r dŵr am sbel, edrychodd Wil yn ddifrifol ar y lleill, o un i un.

'On'd tydi pobol yn grintachlyd, deudwch?' medda fo. Tynnodd ei lyfr banc o'i boced, sgwennu siec am ddeng mil o bunnoedd, a'i thaflu i'r pwll!

Roedd afonydd o lafa poeth yn llifo i lawr llethrau'r mynydd, ac eglurodd y tywysydd mewn Saesneg braidd yn glapiog, 'You see, no trees grow on lava.' Rhaid bod y sylw wedi glynu ym meddwl Wil, oherwydd wrth ddychwelyd tua'r brifddinas, a'r criw heb weld toiledau ers hir amser, gwaeddodd o gefn y bws,

'You see, no lava-trees here either!'

Yn ystod taith i'r Almaen, fe unodd y côr gydag amryw o gorau eraill – corau meibion, merched a chymysg – mewn gŵyl gerdd arbennig, ac roedd Wil yn llawn o'i gellwair arferol gydag aelodau o gôr merched o Norwy. Soniai wrthynt am y stad enfawr oedd ganddo yng ngogledd Cymru – rhai miloedd o aceri, medda fo, a channoedd o weision yn gofalu am nifer di-ri o dda byw. Fe gymerodd un ohonyn nhw – geneth chwe troedfedd o daldra – dipyn o ffansi at Wil, ac yntau, fel y nodwyd eisioes, ond prin bum troedfedd yn nhraed ei sanau. Ar y noson olaf cyn ffarwelio, mentrodd ofyn iddi,

'Can I kiss you goodbye?'

'No,' meddai hithau.

'Thank God,' medda Wil, i guddio'i siom mae'n siŵr, 'because I couldn't reach you anyway!' Ond fe addawodd gadw mewn cysylltiad â hi wedi iddo ddychwelyd i Gymru. Addewid gwag oedd o, serch hynny. Fe aeth pum mlynedd heibio cyn i'r côr dderbyn gwahoddiad yn ôl i'r Almaen, a syndod pob syndod, roedd y côr merched o Norwy yno hefyd, gan gynnwys yr eneth dal oedd wedi gwrthod cusan i Wil. Y peth cyntaf a wnaeth hi oedd edliw iddo am beidio cadw'i addewid i sgrifennu ati ac, yn llawn edifeirwch, addawodd yntau y byddai'n cadw at ei air ar ôl dychwelyd i Gymru. Ac fe wnaeth hefyd. Dichon iddi ddifaru llawer am wrthod cusan i Wil pan welodd hi'r cerdyn post oddi wrtho, a'r neges 'This is a photo of part of my estate' i gyd-fynd â'r llun o bentref Portmeirion!

Beth bynnag fyddai'n digwydd, roedd yn rhaid i Wil gael ymateb yn ei ffordd ddigri ei hun. Caed cyngerdd yn ne Lloegr un tro ac aelodau'r côr yn westeion yn nhai crand pobl oedd â chryn lediaith ar eu siarad. Drannoeth, wrth ffarwelio â nhw, Wil oedd uchaf ei gloch.

'Bye-bye, bye-bye,' gwaeddai drwy ffenest ôl y bws, a hynny gyda mwy o lediaith na'r Saeson eu hunain, hyd yn oed. Yna, gan ddal i chwifio'i law a'u gwylio nhw'n pellhau, a chan gadw'r wên angylaidd ar ei wyneb, dyma weiddi yn Gymraeg, ''Dan ni'n mynd 'nôl i Gymru rŵan i losgi'ch tai ha' chi, y diawlad!'

Fu Wil erioed yn gapelwr brwd, er iddo fynychu'r ysgol Sul yn ei ieuenctid, ac iddo hefyd ddal i gyfrannu'n ariannol i Gapel Bethel yn y Llan bob blwyddyn. Yn yr hen ddyddiau – ac mae'r arferiad yn parhau hyd heddiw mewn ambell ardal – byddai gan bob teulu ei sedd arbennig ei hun yn y capel. I dalu am y fraint, roedd disgwyl iddynt gyfrannu'n flynyddol i gronfa'r 'Eisteddleoedd'. Rhaid bod Wil wedi anghofio anfon ei gyfraniad un flwyddyn, felly pan ddaeth wyneb yn wyneb â Thrysorydd y capel, fe roddodd hwnnw gyfle iddo neud iawn am y peth.

'Ydach chi'n bwriadu cyfrannu at eich sedd eleni, William Roberts?'

Daeth ateb Wil fel bwled o wn,

'Na. Dwi am ddod â hi o'no, dwi'n meddwl!' Be fedrai'r Trysorydd ei neud ond chwerthin?

Byddai croeso bob amser iddo ar aelwyd ei chwaer Kate a'i gŵr Eric yn y Blaenau. Ymwelydd cyson arall oedd Anti Liz, modryb Eric – ac roedd honno'n dipyn o gymeriad hefyd. Un nos Wener, roedd hi'n eistedd yno o flaen y tân pan alwodd Wil heibio ar ei ffordd adref o ymarfer y côr, ac eistedd gyferbyn â hi. Doedd yr hen ferch ddim yn gul nac yn or-sidêt, a phan sylwodd fod balog Wil yn llydan agored,

'Wil!' meddai hi efo gwên fach awgrymog, 'Mae drws yr offis yn agored gynnoch chi!'

'Dach chi'n iawn hefyd, Anti Liz!' meddai Wil, heb brin gynhyrfu. '*Open all hours*, wyddoch chi!'

Fe ddaeth taw ar y tafod ffraeth yn frawychus o sydyn ar y 10fed o Dachwedd 1988, pan gaed Wil yn gorwedd yn farw ar un o gaeau Llety Gwilym. Dydi 58 ddim yn oedran hen y dyddiau hyn, ond roedd Wil Bach Tŷ Nant yn ieuengach o lawer na hynny hefyd, yn ei ysbryd ac yn ei hiwmor. Roedd yn fraint cael ei adnabod ac yn bleser pur bod yn ei gwmni.

Gadawaf i'r bardd Iwan Morgan grynhoi'r atgofion melys amdano:

WILLIAM O. ROBERTS
(Wil Bach Tŷ Nant)
Llety Gwilym, Ffestiniog
a fu farw ar 10 Tachwedd 1988
yn 58 mlwydd oed

Mae hiraeth am gymeriad – unigryw
Heno'n hagru'r teimlad;
Dôi adwaith i bob d'wediad
O'i enau ef â mwynhad.

Un gwylaidd, mwyn ei galon – oedd William,
  Roedd eilun cyfoedion;
 Rhoed pridd i bridd, ac mae bro'n
 Dlotach, oerach yr awron.

Awr rhy fyr fu'i awr efô, – ond awr oedd
  A droes bob sobreiddio
 Yn afiaith; dôi'r iaith ar dro
 Yn addurn o'i defnyddio.

Bu iddo ddefnyddio'i nwyd – i'n swyno,
  Pêr ei sain fel breuddwyd;
 Ei alaw aeth o'i aelwyd
 At y Llan islaw Pant-llwyd.

Llwyd yw Tachwedd ar lechweddau – Tŷ Nant,
  A'i hen ias uwch beddau
 Y gŵr gynt yn gyrru a gwau –
 I'w hynt y crymodd yntau.

Yntau Wil, gyda'r gwynt aeth – yn waelaf
  Ddeilen dan ei halaeth;
 Am wir ffrind a oedd mor ffraeth,
 Yr awron, mawr yw'r hiraeth.

Cymylau Gwynion
GERAINT V. JONES

Tan yn gymharol ddiweddar yng Nghymru, roedd yn arferiad i blentyn gael ei fedyddio ag enw oedd yn rhedeg yn ei deulu (hynny yw, enw taid neu dad neu ddewyrth, os yn hogyn; nain, mam neu fodryb os yn ferch). A phan ystyriwch chi wedyn pa mor gyffredin, mewn ardal fel Stiniog, oedd cyfenwau megis Jones, Williams, Roberts a Thomas, yna roedd yn anochel i amryw o fewn y gymdeithas fod â'r un enw'n union – William Roberts, John Jones, Evan Williams, Owen Thomas, Richard Evans, er enghraifft – ac roedd hi'n broblem gwahaniaethu rhyngddyn nhw mewn sgwrs.

Felly, i osgoi mwy o ddryswch nag oedd raid, fe fyddid yn cyplysu enw ambell un ag enw'i gartref neu enw'i dref enedigol, neu falla â'r gwaith a wnâi. Doedd rhywun fawr callach, er enghraifft, o gyfeirio at 'Owen Jones' os oedd mwy nag un Owen Jones i ddewis ohonyn nhw! Ond doedd dim amheuaeth pwy oedd 'Now'r Allt' neu 'Now Gof'. Felly hefyd efo Mos Bwtsiar, Now Siop Tsips, John Jôs Ffish, Decon Bach (diacon), Jac Sowth, Dafydd Llanrug, Moi'r Abar (Abergynolwyn), Jac Llanbryn-mair, Jac Dolgell (Dolgellau), Wil Parry Garn (Garndolbenmaen),

Jac Cremei (Crimea, sef y dafarn a arferai sefyll ar ben Bwlch Gorddinan slawer dydd), ac eraill.

Cyn belled ag yr oedd merched yn y cwestiwn, wel, roedd 'Musus Robas gwraig Mos Bwtsiar', neu 'Jini Edwards gwraig Wil Tal', yn ddigon o eglurhad ynddo'i hun. Serch hynny, fe geid ambell eithriad o'u plith hwythau hefyd!

Doedd y math yma o enw – go brin y gellir ei alw'n llysenw – ddim yn unigryw i ardal Stiniog, wrth gwrs, mwy nag oedd yr arfer, chwaith, o lunio llysenwau mwy dychmygus, ac weithiau mwy amharchus na'i gilydd! Mae gan bob ardal weithfaol ei rhestr ddi-ben-draw ei hun o lysenwau, ac er na ellir egluro amryw ohonyn nhw erbyn heddiw, eto i gyd mae'n werth rhestru rhai, mae'n siŵr, pe bai ond i'w rhoi ar gof a chadw. Dyma, felly, flas ar ambell un a geid ac a geir yn ardal Stiniog: Huw Lalo, Guto G'leuo Mellt, Jo Wali Wac, Wil Wagan Fflat, Robat Jôs Cwpwl-o-glewts, Wil Howdi, Now Te Gwan, Yr Hen Sbyrc (a'i wraig, Yr Hen Bicl Herring), Harri Lô Gêr, Ba-jâ, Dafydd Diawch, Seth Flin, Wil Hen Beg, Now Rywsut Rywsut, Fi Sal a Patch, Corgi, Robin Diolch yn Fawr, Dim Ffiars, Wil Solo Horn, Wil Bariton, John Chwannan, *Chew Chew* Giffi, Robin Ffŷs, Twm John Dail Te, John Cyw, Bijiwij, Huw Luro (roedd 'luro' yn air am lwmp o garreg da-i-ddim – mwy nag oedd Huw ei hun, mae'n debyg!), John Marblan, Wireless Willy, Steve Roc a Rôl . . . Mae'r rhestr yn un faith.

A'r merched, wedyn – Mus Jôs Castle Rags, Hannah Fain, Mary Ffortiwn, Gwen Roli Moch, Mari Go-dam, Miss Edwards *Can't Afford*, Musus Pŵdl, Elsie Bananas . . . Doedd pob llysenw ddim mor barchus â'i gilydd, serch hynny, ac ni allwn ond dychmygu be oedd tarddiad rhai fel Dennis-cachu-wy, Meri Piso'n Bell, Dafydd Cachu Resins . . .

Bu'r diweddar Richard Henry Roberts, neu R.H., yn gwasanaethu'r ardal hon ar y Cyngor Sir am flynyddoedd lawer a mawr oedd y parch iddo'n lleol, ond myn rhai (hyd yn oed heddiw) gyfeirio'n ôl ato wrth lysenw a roddwyd arno bron i drigain mlynedd yn ôl. Yn gynnar yn y pumdegau, pan ddaeth cwmni Radio Relay i dre'r Blaenau, doedd gan y mwyafrif o'r trigolion ddim math o weiarles yn y tŷ, oherwydd mai gwan oedd y derbyniad i raglenni – diolch i'r mynyddoedd sy'n amgylchynu'r lle. Am swllt a naw ceiniog yr wythnos, gellid llogi weiarles gan y cwmni newydd – weiarles nad oedd yn ddim amgenach na chorn sain mewn ffrâm, yn trosglwyddo dewis o ddwy sianel. Dros nos, fe dyfodd nifer y cwsmeriaid rif y gwlith, a'r R.H. ifanc a gyflogwyd i gasglu'r rhenti ar ran y cwmni. Fel y gellid disgwyl, fe'i llysenwyd yn ddiymdroi yn Dic *One-and-nine*. Nid bod amharch o fath yn y byd ynghlwm wrth y llysenw hwnnw; doedd hi ond yn ffordd o wahaniaethu rhyngddo a sawl Richard Roberts adnabyddus arall oedd yn byw yn y dref ar y pryd.

Weithiau, fe geid teulu cyfan yn cario llysenw, megis y Traed Oerion, er enghraifft, neu'r Diawchiaid; ac mae teulu'r 'Bandos' yn frith drwy'r ardal hon hyd heddiw ac yn aelodau parchus o'n cymdeithas. Yn y chwarel y tarddodd y llysenw hwnnw, fel sawl un arall. Yno, byddai'n arferiad i rywun oedd yn cael trafferth codi slediad go fawr, i alw am 'band-o'-hôp', sef cael criw at ei gilydd i'w helpu efo'r gwaith trwm. Does wybod, erbyn heddiw, ai'r Bando gwreiddiol oedd y cyntaf i ddefnyddio'r alwad honno –

ynteu ai rhy barod oedd o i alw am help – ond mae'r enw wedi glynu wrth ei linach byth oddi ar hynny.

Bu amser, hefyd, pan oedd disgyblion ysgolion uwchradd yn bathu llysenwau dychmygus, nid yn unig ar y naill a'r llall, ond ar eu hathrawon yn ogystal. 'Palẃc' er enghraifft, oedd llysenw'r athro Cemeg yn fy nghyfnod i yn yr ysgol. Talfyriad cwbwl Gymreig oedd hwnnw o [Joe] Palooka, sef arwr cyhyrog penfelyn yng nghomics Americanaidd y cyfnod. A cham bach, wrth gwrs, oedd i Mr Hartley fynd yn Jammie, a Mr Harris yn Tweed neu Tweedie. Ac oherwydd bod enw Mr Hawes yn swnio'n debyg i anifail arbennig, yna fel 'Ceff' y câi o ei adnabod bob amser. Ychwanegwch atyn nhw rai fel Shark a Goosie, Killekrankie a Maggie Ffwl-pelt a dyna gyfoeth go lew o lysenwau i ddewis ohonyn nhw.

Wna i ddim dechrau rhestru llysenwau ffrindiau a chyfoedion, gan fod hen gyfaill wedi gneud y gwaith hwnnw eisoes, a hynny mewn modd llawer iawn difyrrach nag y gallwn i fyth ei neud. Felly, dyma roi gair ola'r gyfrol iddo fo, Gwyn Thomas – Bardd Stiniog:

CYMYLAU GWYNION

Ballade

(*Mais où sont les neiges d'antan?*
Ond ple mae eira'r amser gynt?
FRANÇOIS VILLON)

Ple, heno, Hymji Gým,
Ple heno yr wyt ti?
Ple, heno, Ginsi Boi
A Ger a Mycs a Gwff?
Cymylau gwynion yn y gwynt,
Hen gyfoedion dyddiau gynt.

Ple, heno, Gonji Arab,
Ple heno yr wyt ti?
Ple, heno, Tibs a Brei
A Gwgyn, Iogi, Bwj?
Cymylau gwynion yn y gwynt,
Hen gyfoedion dyddiau gynt.

Ple, heno, Pinci Yniyns,
Ple heno yr wyt ti?
Ple, heno, Nowtun, Tedi
A Latjis, Dei Dycs, Mei?
Cymylau gwynion yn y gwynt,
Hen gyfoedion dyddiau gynt.

Ple, heno, Pedro, Datji,
Ple heno'r ydych chi?
Ple, heno, rwyt ti, Bysdyr,
John Bach a Meicyn Dan?
Cymylau gwynion yn y gwynt,
Hen gyfoedion dyddiau gynt.

Ple, heno, Inci Pw,
Ple heno yr wyt ti,
A Pow dy frawd, a Phil,
Dei Mocs, Ieu Trêfs a Fuf?
Cymylau gwynion yn y gwynt,
Hen gyfoedion dyddiau gynt.

Ple, heno, Gwyn Tom yntau,
Ple heno yr wyt ti
Sy'n cofio rhes o enwau
A darn o'r byw a fu?
Cymylau gwynion yn y gwynt,
Hen gyfoedion dyddiau gynt.